westermann

Elke Schleth-Tams

Herausgeber: Wassilios E. Fthenakis

Stark im Berufsalltag – Resilienzstärkung für Erzieherinnen und Erzieher

1. Auflage

Bestellnummer 12749

Die in diesem Produkt gemachten Angaben zu Unternehmen (Namen, Internet- und E-Mail-Adressen, Handelsregistereintragungen, Bankverbindungen, Steuer-, Telefon- und Faxnummern und alle weiteren Angaben) sind i. d. R. fiktiv, d. h., sie stehen in keinem Zusammenhang mit einem real existierenden Unternehmen in der dargestellten oder einer ähnlichen Form. Dies gilt auch für alle Kunden, Lieferanten und sonstigen Geschäftspartner der Unternehmen wie z. B. Kreditinstitute, Versicherungsunternehmen und andere Dienstleistungsunternehmen. Ausschließlich zum Zwecke der Authentizität werden die Namen real existierender Unternehmen und z. B. im Fall von Kreditinstituten auch deren IBANs und BICs verwendet.

Die in diesem Werk aufgeführten Internetadressen sind auf dem Stand zum Zeitpunkt der Drucklegung. Die ständige Aktualität der Adressen kann vonseiten des Verlages nicht gewährleistet werden. Darüber hinaus übernimmt der Verlag keine Verantwortung für die Inhalte dieser Seiten.

service@westermann.de
www.westermann.de

Bildungsverlag EINS GmbH
Ettore-Bugatti-Straße 6-14, 51149 Köln

ISBN 978-3-427-**12749**-9

westermann GRUPPE

INHALT

INHALT

INHALT

VORWORT

Wer sich selbst versteht, versteht auch andere. Wer sich selbst fühlt, fühlt auch andere.

Resilienz ist mittlerweile ein sehr populär und fast schon inflationär gebrauchtes Wort.
Die Erfahrung zeigt, dass viele Menschen ihre eigene Resilienz-Stärkung als große Herausforderung betrachten, denn sie setzt Tiefenreflexion voraus.

Ich verbinde Resilienz mit Empathie und Selbstempathie. Im vorliegenden Buch gebe ich viele theoretische Impulse und gehe ganz bewusst mit durchdachten praxisnahen Beispielen in die Tiefe.
Alle Grundvoraussetzungen, die sozial-pädagogische Fachkräfte benötigen, um resilient, inklusiv und glücklich den Alltag mit Kindern bewältigen zu können, werden hier beschrieben. Insbesondere Kinder haben resiliente, optimistische und slbstmitfühlende Erwachsene verdient, um selbst gesund und glücklich nach ihrem Potenzial aufwachsen zu können. Selbstmitgefühl zählt zu den höchsten Werten, die in der Praxis gerade in der heutigen Zeit zweifelsohne mitunterrichtet und mitbedacht werden sollten.

Im Alltag geht jedoch zuweilen der Optimismus, die Selbstwirksamkeit und in Konfliktsituationen mitunter die Gelassenheit, die dabei notwenige Selbstverantwortung für das Gefühl und für die kollektiven Werte als Grundhaltung verloren. Genau in solchen Momenten sollte die Selbstempathie einspringen. Sie unterstützt Menschen genau dann, wenn der Selbstwert etwas leidet. Mit dem Prozess der inneren Einkehr trainieren Menschen, wie sie sich stimmig-authentisch fühlen und was sie, wenn sie im „empathischen

VORWORT

Stress" sind, benötigen um wieder lösungsorientiert und handlungsfähig zu sein.

Die Unterscheidung von Empathie und Mitgefühl nach den neuen Erkenntnissen der Hirn- und Empathieforschung ist von großer Bedeutung, um wieder zu innerer Stärke zu gelangen. Mitgefühl ist die Emotion und die Motivation andere Menschen zu unterstützen, ohne selbst zu leiden, da sie aus dem Bindungs- und Fürsorgesystem der Menschen „geboren" wird. Dort ist nach Aussagen der Mitgefühlsforschung das Selbstmitgefühl verortet. Diese Mitgefühls- und Selbstmitgefühlsqualitäten brauchen viel Training und ein Bewusstsein dafür, dass Adultismus dadurch enorm reduziert werden kann. Das stärkt die Resilienz.

Gerade die wertschätzende und inklusive Kommunikation als eine gelingende Methode, um wieder in einen verbindenden Kontakt mit sich und anderen zu kommen, steht im Zentrum dieses Buches.
Wie kann ich Gefühle stimmig und nicht unstimmig kommunizieren? Wie kann ich „Ich-Botschaften" so senden, dass sie nicht interpretativ-beschuldigend und verletzend sind? Resilienz braucht die inklusive Sprache (GFK) in Bezug auf sich selbst und in Bezug auf andere. Wer mit anderen weniger ausgrenzend spricht, trägt viel dazu bei, dass diese Welt resilienter und mitfühlender wird.

EINLEITUNG

In diesem Buch finden Sie praxiserprobte und alltagstaugliche Methoden, welche mit Beispielen aus der Praxis veranschaulichen, wie Sie Ihre Resilienz im Alltag stärken können. Das vorliegende Buch soll Sie darin unterstützen, den vielfältigen Anforderungen im Alltag zunehmend bewusster und entspannter entgegenzutreten. Darüber hinaus werden Sie Ihre Resilienz stärken. Einige der praktischen Übungen können Sie in einer ruhigen Viertelstunde bearbeiten. Hierbei handelt es sich um die Anregungen, bei denen es um einen Bewusstmachungsprozess geht. Andere können Sie direkt in die Praxis umsetzen und in Ihr Verhaltensrepertoire aufnehmen.

Da jeder Mensch einen anderen Zugang zum Thema „Resilienz" hat, werden die Herangehensweisen unterschiedlich sein. Es gibt Menschen, die gerne in Bewegung sind, andere brauchen eher Ruhe, um sich mit Dingen auseinandersetzen zu können. Des Weiteren gibt es Menschen, die durch ein Gespräch auftanken können, andere entspannen sich am besten in der Natur. Die Lösungen sind so unterschiedlich und individuell wie wir Menschen. Das Schöne am Erzieherberuf ist, dass der pädagogische Alltag ein Stück weit den individuellen Neigungen entsprechend gestaltet werden kann. Im vorliegenden Buch werden unterschiedliche Möglichkeiten mit praktischen Beispielen vorgestellt. Sie können dann prüfen, welche Herangehensweise Sie persönlich anspricht und ganz nebenbei Ihre theoretischen Kenntnisse auffrischen.

Resilienz ist lernbar. Das vorliegende Buch soll dabei behilflich sein, das was zur Stabilisierung der Resilienz beiträgt, zu trainieren.

Es geht im Kern darum, sich selbst zu reflektieren und auf dieser Basis zu schauen, welche Resilienzfaktoren gestärkt werden sollen. Dabei ist der Blick auf die eigene Einstellung zu den folgenden Themen Voraussetzung:

* Optimismus,
* Empathie,
* Selbstwirksamkeit,
* Selbstbewusstsein,
* Lösungsorientierung,
* Selbstverantwortung,
* Zielorientierung,
* soziale Beziehungen (Netzwerke),
* Selbststeuerung,
* Stressbewältigung und
* Ernährung

Durch die Entscheidung, in einen Veränderungsprozess mit dem Ziel der Resilienz-Stärkung einzusteigen, machen Sie sich ein großes Geschenk. Nach und nach wird sich Ihr persönlicher Energielevel erhöhen. Dadurch können Berufszufriedenheit und Lebensfreude gesteigert werden.

Mein Tipp an Sie: Beginnen Sie jetzt!

Elke Schleth-Tams

EIGENE NOTIZEN

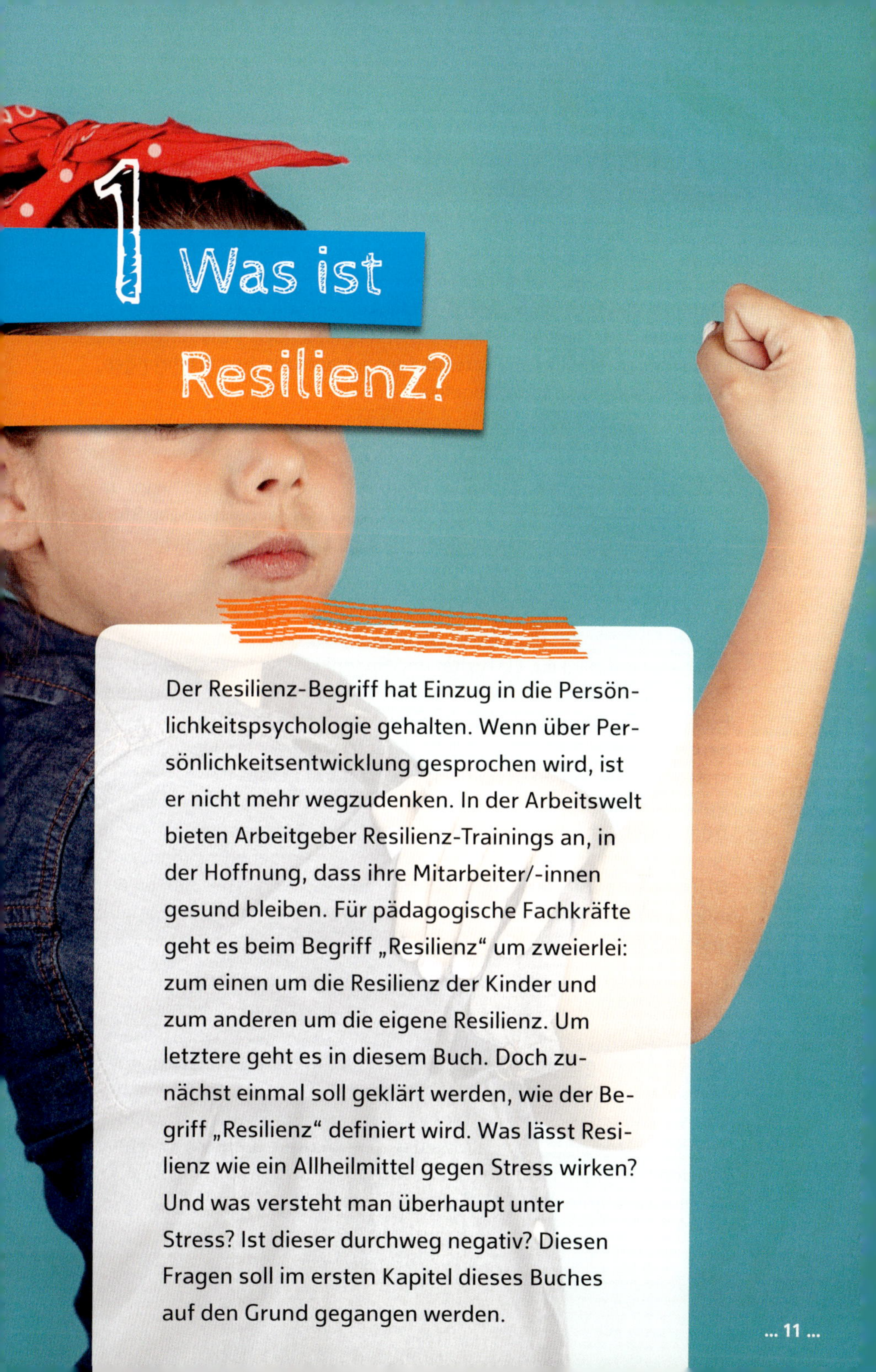

1 Was ist Resilienz?

Der Resilienz-Begriff hat Einzug in die Persönlichkeitspsychologie gehalten. Wenn über Persönlichkeitsentwicklung gesprochen wird, ist er nicht mehr wegzudenken. In der Arbeitswelt bieten Arbeitgeber Resilienz-Trainings an, in der Hoffnung, dass ihre Mitarbeiter/-innen gesund bleiben. Für pädagogische Fachkräfte geht es beim Begriff „Resilienz“ um zweierlei: zum einen um die Resilienz der Kinder und zum anderen um die eigene Resilienz. Um letztere geht es in diesem Buch. Doch zunächst einmal soll geklärt werden, wie der Begriff „Resilienz“ definiert wird. Was lässt Resilienz wie ein Allheilmittel gegen Stress wirken? Und was versteht man überhaupt unter Stress? Ist dieser durchweg negativ? Diesen Fragen soll im ersten Kapitel dieses Buches auf den Grund gegangen werden.

1

1.1 Der Begriff „Resilienz“

Was versteht man eigentlich unter „Resilienz“? Eine der zahlreichen Definitionen lautet wie folgt:

„Unter Resilienz versteht man die Fähigkeit(en) von Individuen oder Systemen (z.B. Familien), erfolgreich mit belastenden Situationen (z.B. Misserfolgen, Unglücken, Notsituationen, traumatischen Erfahrungen, Risikosituationen u. ä.) umzugehen.“

(http://www.fthenakis.de/cms/Vortrag_Bremen_HH1_2001-06-07.pdf [23.04. 2019])

Diese Definition ist nur eine von vielen. Der Begriff „Resilienz“ wird unterschiedlich definiert. So haben verschiedene wissenschaftliche Studien abhängig von ihren jeweiligen Fragestellungen einen unterschiedlichen Resilienz-Begriff herausgearbeitet.

Es lässt sich jedoch bei allen Definitionen ein gemeinsamer Nenner finden. So bedeutet der Begriff „Resilienz“ im Englischen so viel wie Widerstandsfähigkeit, Elastizität und Spannkraft (vgl. Wustmann, 2004, S. 18). Diese Beschreibung leitet sich aus der Physik ab. Auf die Psychologie übertragen bedeutet dies, dass Menschen schwierige Lebenssituationen bewältigen, ohne daran zu zerbrechen. Menschen, die Krisen in ihrem Leben bewältigen und gestärkt daraus hervorgehen, sind resilient. Sie haben gelernt, dass sie trotz Schicksalsschlägen, Trennungen, Arbeitslosigkeit, Krankheit oder Ähnlichem die Fähigkeit besitzen, mit krisenhaften Lebensereignissen umgehen zu können. Oftmals gehen sie darüber hinaus gestärkt aus einer Krise hervor, weil ihnen bewusst geworden ist, welche Kompetenzen sie im Krisenmanagement haben.

Der Begriff „Resilienz“ lässt sich aus dem lateinischen Verb „resilere“ ableiten. Es bedeutet „abprallen“ oder „zurückspringen“. Resiliente Menschen überstehen demnach Krisen so gut wie unverletzt, diese prallen sozusagen an ihnen ab. Während sie in der Krise stecken, haben die Betroffenen allerdings ein anderes Empfinden. Manchmal haben sie sogar das Gefühl, aufgeben zu müssen und keine Lösung mehr zu finden. Doch ihre Persönlichkeitseigenschaften lassen sie durchhalten und Lösungen finden. Eine der wichtigsten Eigenschaften ist in diesem Zusammenhang die **Selbstwirksamkeit**.

Resilienz lässt sich gut mit dem Bild des Schilfrohres veranschaulichen. Das Schilfrohr wird im Sturm gebeugt und richtet sich anschließend wieder in voller Größe und mit aller Kraft auf. Es ist flexibel, beweglich und biegsam. Trotz aller Widrigkeiten des Wetters bricht es nicht so leicht. Dazu gibt es eine Fabel des griechischen Dichters Aesop.

„Eine Eiche und ein Schilfrohr stritten über ihre Stärke. Als ein heftiger Sturm aufkam, beugte und wiegte sich das Schilfrohr im Wind. Die Eiche aber blieb aufrecht stehen und wurde entwurzelt."

(Aesop, 550 v. Chr.)

Sprechen wir von Resilienz, so sprechen wir von einer psychischen Kraft, die im optimalen Fall als Potenzial im Menschen angelegt ist. In der Psychologie wird „Resilienz" als das „seelische Immunsystem" bezeichnet.

Ist Resilienz angeboren? Die Forschung kann noch keine Antwort auf die Frage geben, ob das Potenzial zu resilientem Verhalten bei manchen Menschen weniger oder gar nicht vorhanden ist. (vgl. Zander, 2012).

1.2 Voraussetzungen für Resilienz – Lässt sich Resilienz lernen?

Der Würzburger Verhaltensforscher Klaus-Peter Lesch (geb. 1957) hat sich mit der Frage beschäftigt, ob Resilienz genetisch angelegt sei. Tatsächlich konnte er genetische Merkmale nachweisen, welche die Resilienz fördern oder beeinträchtigen können. Lesch geht davon aus, dass es hunderte „Resilienz-Gene" gibt. Seine Versuche zeigen jedoch auch: Selbst wenn „schlechte" genetische Voraussetzungen zugrunde liegen, kann dies durch liebevolle Betreuung und Erziehung kompensiert werden (vgl. www.die-corps.de/uploads/media/BBDS-2015_Rede-Lesch.pdf).
Doch was bedeutet das für den erwachsenen Menschen? Aufgrund der Neuroplastizität des Gehirns kann auch der erwachsene Mensch

viel für sich tun. Wie diese Neuroplastizität funktioniert und sie für die Resilienzentwicklung bedeutet, wird in Kapitel 1.3 näher erläutert.

Steigen wir an dieser Stelle einmal in die Praxis ein. Möglicherweise erkennen Sie sich im folgenden Beispiel wieder.

BEISPIEL

Belinda M., 29 Jahre alt, ist seit sieben Jahren Erzieherin. Sie war sehr glücklich, dass sie nach fast fünf Jahren Ausbildung in ihrem Traumberuf arbeiten konnte. Schon vor ihrem Abschluss hatte man ihr eine Stelle als Gruppenleiterin in der fünfgruppigen Kita „Bullerbü" angeboten. Schon bald stellt sie fest, dass einige ihrer Kolleginnen immer wieder sagen, wie anstrengend die Eltern seien, dass die Kinder verzogen wären und das Arbeiten wirklich keinen Spaß mehr mache. Ihre zwei Jahre ältere Kollegin Tanja ist noch nicht lange mit der Berufsausbildung fertig. Plötzlich erkrankt Tanja an einem psychischem Überlastungssyndrom (Burn-out). Der Ausfall der Kollegin, mit der Belinda in einer Gruppe arbeitet, kommt plötzlich. Doch hat sich das nicht schon seit Längerem angebahnt? Belinda fällt im Nachhinein auf, dass Tanja eigentlich täglich geklagt hatte, wie anstrengend sie die Arbeit finde. Belinda selbst hat auch zunehmend mit Jammern begonnen. Dies wird ihr jetzt bewusst. Wo ist der Spaß an der Arbeit mit den Kindern geblieben? Belinda erschrickt bei dieser Erkenntnis und nimmt sich vor, dringend etwas gegen diese Entwicklung zu tun.

Dieses Beispiel macht deutlich, wie Menschen im Berufsleben, hier in einer Kita, ganz langsam in einen Teufelskreis von Überforderung und Unzufriedenheit geraten können, der im schlimmsten Fall mit einer Krankheit oder einem Burn-out endet.

Standortbestimmung

Könnten Sie auch Belinda sein? Wenn dies der Fall ist, können Sie eine Standortbestimmung machen, um zu prüfen, ob die Voraussetzungen für eine Sie zufriedenstellende Arbeitsfähigkeit gegeben sind. Das bedeutet: Sie bringen auf den Prüfstand, ob das, was die Arbeit täglich fordert und Ihre Ressourcen in einer guten Balance stehen. Es gibt Faktoren, die einander beeinflussen, und somit bewirken, dass Menschen gesund bleiben oder erkranken. Eine

Standortbestimmung ist hilfreich, um herauszufinden, wo Handlungsbedarf zur Verbesserung der gegebenen Situation besteht.

Kreieren Sie ein „**Haus der Arbeitsfähigkeit**“, um Ihre persönliche Situation zu überprüfen. Das Haus hat vier Stockwerke, welche die Haupteinflussfaktoren auf Ihre Arbeitsfähigkeit abbilden. Wie zufriedenstellend die Arbeit in einem Praxisfeld ist, hängt immer von mehreren Faktoren ab, die hier in Stockwerken aufgeführt werden.

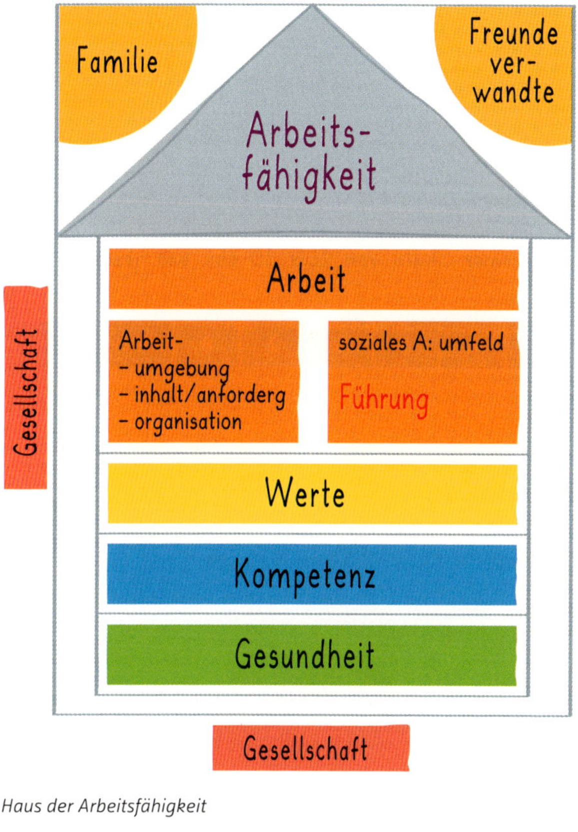

Haus der Arbeitsfähigkeit

(Buchacher/Kölblinger/Wimmer, 2015, S. 22)

1. Stockwerk: Gesundheit

„Die Gesundheit ist zwar nicht alles, aber ohne Gesundheit ist alles nichts."

(Arthur Schopenhauer)

Gesundheit ist die Basis der Arbeitsfähigkeit und des Wohlbefindens. Wenn die psychische und physische Gesundheit beeinträchtigt ist, schränkt das die Leistungsfähigkeit im Beruf ein.

Praktische Übung

Schätzen Sie auf einer Skala von 1bis 10 ein, wie gesund Sie sich fühlen.

1	2	3	4	5	6	7	8	9	10

Notieren Sie auf ein Blatt Papier: Was tun Sie um, gesund und leistungsfähig zu bleiben?

2. Stockwerk: Kompetenz, Qualifikation, Wissen

„Lernen ist wie Rudern gegen den Strom. Hört man damit auf, treibt man zurück".

(Mieder, 1986, S. 271)

Fort- und Weiterbildungen sind auch nach der Berufsausbildung wichtig. Nur so können Sie mit den stetigen Veränderungen Schritt halten und die täglichen Herausforderungen bewältigen. Lebenslanges Lernen ist ein wichtiges Prinzip im Arbeitsalltag. Dazu gehört auch, sich persönlich weiterzuentwickeln und ggf. entsprechende Fortbildungen, z. B. zum Thema „Resilienz", zu besuchen.

Praktische Übung

Überlegen Sie: Wann war Ihre letzte Fortbildung? Welche Art von Fortbildung ermöglicht Ihnen Weiterentwicklung? In welchem Bereich haben Sie sich bereits fortgebildet bzw. möchten dies tun?

3. Stockwerk: Werte, Einstellungen, Motive

„Ein jeder ist so viel wert, wie die Dinge wert sind, um die es ihm ernst ist."

(Marc Aurel)

Es ist sinnvoll, sich Gedanken über die eigenen Werte und Einstellungen zu machen. Stimmen sie mit den beruflichen Anforderungen und den Werten, die in einer Einrichtung vom Träger vorgegeben werden, überein? Wenn die Werte, die durch unseren Arbeitgeber vorgegeben werden, nicht mit den eigenen Werten übereinstimmen, kann keine **Kohärenz**, also die Überzeugung, dass das eigene Tun sinnvoll ist und mit den persönlichen Werten in Einklang steht, entstehen. Dies ist aber für das menschliche Wohlbefinden von großer Bedeutung.

BEISPIEL

Sonja arbeitet seit elf Jahren in einer katholischen Tageseinrichtung für Kinder. Sie hat sich scheiden lassen, nachdem sie sich in einen türkischen Ingenieur verliebt hat. Er ist in Deutschland aufgewachsen und gehört dem muslimischen Glauben an. Sonjas Werte stimmen nicht mehr mit denen des Arbeitgebers überein. Deshalb hat sie gekündigt.

1

Praktische Übung

* Überlegen Sie: Was sind Ihre Werte?
* Stimmen diese Ihrer Meinung nach mit denen des Arbeitgebers und der Teammitglieder überein? Wenn ja, woran merken Sie das?
* Stimmen Ihre Werte mit dem, was Sie tun und Ihrem Privatleben überein? Wenn ja, woran merken Sie das? Seien Sie ehrlich zu sich selbst.
* Notieren Sie hier Ihre Gedanken zu Ihren eigenen Werten.

4. Stockwerk: Stockwerk Arbeit

„Persönlichkeiten werden nicht durch schöne Reden geformt, sondern durch Arbeit und eigene Leistung.“

(Albert Einstein)

Die Inhalte und Anforderungen, die an Sie täglich gestellt werden, tragen im Wesentlichen zur Arbeitszufriedenheit oder auch Unzufriedenheit bei. Dazu kommt die Organisationsstruktur in der Einrichtung, die Leitung und Umgebung.

Praktische Übung

* Schätzen Sie auf einer Skala von 1 bis 10 Ihre Zufriedenheit mit dem Arbeitgeber ein.

1	2	3	4	5	6	7	8	9	10

* Was sollte sich Ihres Erachtens an Ihrem Arbeitsplatz verbessern?
* Was ist gut an Ihrem Arbeitsplatz? Schreiben Sie Ihre Gedanken hierzu auf und seien Sie ehrlich zu sich. Nur so können Sie eine konkrete Standortbestimmung machen und daraus Veränderungen zur qualitativen Verbesserung entwickeln.

Lösungsorientierung

Belinda bemerkt, dass sich innerhalb ihrer Arbeit langsam ein Problem entwickelt. Sie verliert den Spaß an der Arbeit. Geht es Ihnen auch manchmal wie Belinda? Entscheiden Sie sich in diesem Fall, das Problem anzuschauen und es in ein Ziel zu verwandeln. Was Sie nicht wollen, wissen Sie in den meisten Fällen. Überlegen Sie: Was wollen Sie stattdessen? Verändern Sie den Fokus – vom Problem weg zur Lösung.

„Probleme sind Lösungen in Arbeitskleidung."

(vgl. Buchacher/Köblinger/Wimmer, 2015, S. 143)

Praktische Übung

Nehmen Sie ein DIN-A4-Blatt Papier und falten Sie es im Querformat in drei Teile. In die linke Spalte schreiben Sie Ihre Probleme mit allem, was dazu gehört. In die mittlere Spalte notieren Sie das, was Sie sich statt des Problems wünschen. Achten Sie darauf, dass Sie alles, was zur Problemlösung beiträgt, positiv formulieren. Formulieren Sie es so, wie Sie es gerne hätten, ohne Worte wie „nie", „nicht", „keine" oder Sätze wie „Ich will das nicht mehr!".
Nun trennen Sie die linke Spalte ab und vernichten diese. Fokussieren Sie sich nun auf die Lösung. Schreiben Sie in die rechte Spalte, was Sie tun, damit aus Ihren Wünschen Lösungen werden.
Achten Sie auf kleine realisierbare Schritte (vgl. Baeijaert/Stellamans, 2013, S. 39 f.).

Gedankenberuhigung

Je mehr Belinda darüber nachdenkt, dass sie den Spaß am Beruf verliert, desto mehr geht ihre Freude an der Arbeit auch wirklich verloren. Vielleicht geht es Ihnen manchmal auch so. Aus diesem Grund ist es auch in diesem Falle wichtig, den Fokus zu verändern. Die folgende praktische Übung kann dabei helfen und lässt sich täglich blitzschnell im Alltag einsetzen.

Gedankenberuhigung: Negative Gedanken lassen sich stoppen.

Praktische Übung

Üben Sie sich in Gedankenberuhigung. Sobald ein destruktiver Gedanke auftaucht, nehmen Sie ihn wahr. Akzeptieren Sie, dass er da ist und bewerten Sie ihn nicht. Hierzu können Sie sich eine rote Ampel vorstellen. Genau – wie im Straßenverkehr! Stoppen Sie Ihren Gedankenfluss mit der Vorstellung der roten Ampel. Lenken Sie, während Sie sich die rote Ampel vorstellen, Ihre Aufmerksamkeit auf Ihren Atem. Atmen Sie dreimal bewusst tief ein und wieder aus. Sie werden sehen, wie hilfreich das ist.

Nun haben Sie die ersten Ideen erhalten, wie Sie eine Standortbestimmung vornehmen können, um daraus durch die hier im Buch aufgeführten Anregungen Veränderungsprozesse in Gang zu setzen. Dazu gehört eine gute Portion **Offenheit**, **Neugierde** und **Flexibilität** und der Wunsch, Dinge nicht einfach geschehen zu lassen, sondern selbst am Steuer des eigenen Lebensschiffes stehen zu wollen.

Falls nun bei Ihnen der Gedanke auftaucht: „Nein, das funktioniert sowieso nicht. Papier ist geduldig!“, stimmt das zu einem Teil. Denn nur wenn Sie die Entscheidung für eine Veränderung treffen, können Sie sich bewegen und mit dem Ziel vor Augen Veränderungsprozesse angehen.

1.3 Erkenntnisse der Neurowissenschaft und ihre Bedeutung für die Resilienzentwicklung

Das interessante Fachgebiet der Neurowissenschaft befasst sich mit der Erforschung des menschlichen Nervensystems. Die Neurowissenschaft untersucht, welche neurobiologischen Vorgänge im Gehirn die mentale und psychische Ebene des Menschen beeinflussen.

Aus der neurowissenschaftlichen Forschung ist bekannt, dass positive Emotionen neurobiologisch einen großen Einfluss auf die Befindlichkeit des Menschen haben. Das hat Auswirkungen auf die Emotionen und Kompetenzen des Menschen. Das bedeutet für Menschen, die eine Veränderung herbeiführen möchten, dass die einmalige Beschäftigung mit einem Thema nicht reicht. Erst wenn man sozusagen „auf die Trainingsstrecke" geht, bewirkt man Veränderung.

J. A. Walburg, ein niederländischer Vertreter der „positiven Psychologie", stellte in seinen Forschungsergebnissen einen Zusammenhang zwischen einem niedrigen Aktivitätsniveau der Amygdala und dem Gefühl des Wohlbefindens her (vgl. Bannink, 2012, S. 85).

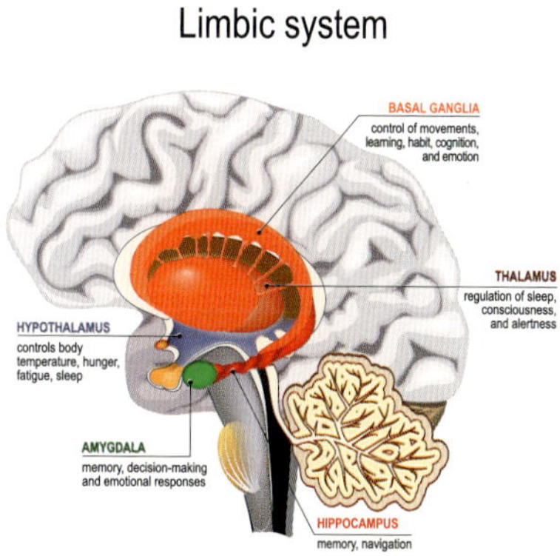

Lage der Amygdala im menschlichen Gehirn

Die **Amygdala** wird im Alltagssprachgebrauch auch als „Mandelkern" bezeichnet, da ihr Aussehen dieser nussartigen Steinfrucht ähnelt. Das kleine mandelkernartige Organ liegt im Gehirn im Nucleus, auch „Kerngebiet" genannt, welches eine Ansammlung von Nervenzellkörpern ist. Diese liegen im zentralen Nervensystem. Die Amygdala ist Teil des sogenannten **limbischen Systems**, das für die Entstehung von Angst zuständig ist. Die emotionale Bewertung und Wiedererkennung spielt in entsprechenden Situationen eine wichtige Rolle. So werden drohende Gefahren blitzschnell auf ihren Gefahrengehalt hin analysiert, woraufhin die vegetativen Reaktionen (wie Schweißausbruch, Zittern usw.) auf der Stelle eingeleitet werden.

Die Aufgabe der Amygdala ist es, die Warn- und Abwehrmechanismen situationsorientiert zum Schutze des Menschen zu aktivieren. In der Ur- und Frühgeschichte war diese Vorgehensweise für unsere Vorfahren überlebensnotwendig und trug dazu bei, den Fortbestand der Menschheit zu sichern. Nur durch die aktivierten Warn- und Abwehrmechanismen konnten unsere Vorfahren den in der Natur drohenden Gefahren, wie z. B. dem Säbelzahntiger, entkommen.

Gefahren durch wilde Tiere gibt es in unserer Gesellschaft schon lange nicht mehr. Dennoch resultiert auch heute noch Angst aus bedrohlichen Situationen und verursacht negative Gefühle. Die alten Reaktionsprogramme, die einst das Überleben sicherten, funktionieren immer noch und werden in bedrohlich wirkenden Situationen aktiviert. Dies löst negative Gefühle aus. Für die amerikanische Psychologin Barbara L. Fredrickson (geb. 1964) ist ein Faktor für Zufriedenheit die Beherrschung negativer Gefühle (vgl. Fredrickson, 2011, S. 196). Diese Beherrschung ist trainierbar. Ergebnisse der Forschung legen die Vermutung nahe, dass im **präfrontalen Kortex** negative Gefühle geregelt werden. Der präfrontale Kortex ist Teil des Stirnlappens der Großhirnrinde und liegt hinter der Stirn. Die präfrontale Aktivität der linken Gehirnhälfte weist auf eine schnellere Erholung und Widerstandskraft nach einem belastenden Ereignis hin. Neurologen haben bei ihrer Arbeit Hinweise entdeckt, aus denen sich schließen lässt, dass die linke Hirnhälfte stärker bei positiven Gefühlen involviert ist, während die rechte Gehirnhälfte bei negativen Gefühlen aktiv wird.

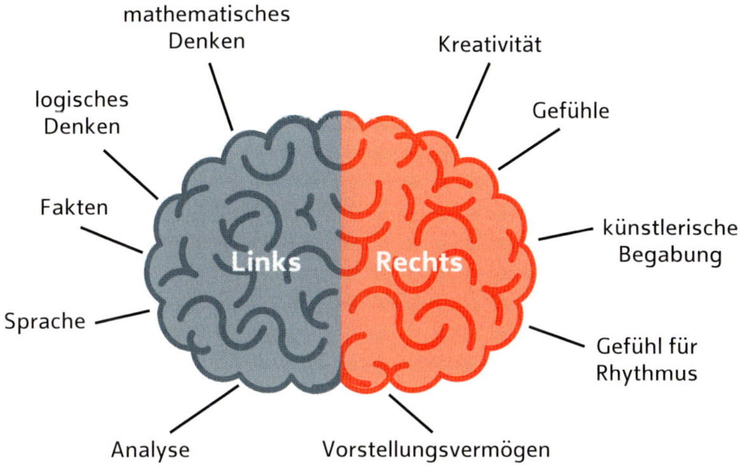

Die zwei Hälften des menschlichen Gehirns

Durch die Erkenntnisse der Wissenschaft können heute die im Hirn ablaufenden Prozesse und die damit verbundenen Ergebnisse durch die Forschung erklärt und sogar sichtbar gemacht werden. Glaubte man früher, dass das menschliche Gehirn sich nur in den ersten Lebensjahren entwickeln würde, wissen wir heute, dass Menschen Zeit ihres Lebens lernen und Veränderungsprozesse herbeiführen können. Dies ermöglicht die sogenannte „Neuroplastizität“ oder „neuronale Plastizität“.

Definition: Neuroplastizität
Unter Neuroplastizität versteht man die Fähigkeit des Gehirns, sich entsprechend der vorliegenden Anforderungen zu verändern. So ist das Gehirn eines Menschen kein starres unveränderbares Organ, sondern vielmehr bis ins hohe Alter hinein lernfähig. Neue Erfahrungen werden mit vorhandenem Wissen verknüpft, ungenutzte Verbindungen im Hirn werden abgebaut. Ohne die neuronale Plastizität wäre das Lernen nicht möglich.

Neuroplastizität: Das Gehirn des Menschen kann sich entsprechend der Anforderungen verändern

Durch Training und Übung lässt sich demnach das Denken verändern (vgl. Bannink, 2012, S. 85). Dies verdeutlicht das folgende Beispiel aus der beruflichen Praxis.

BEISPIEL

Tanja ist eine 24-jährige Erzieherin, die nach ihrem Berufsabschluss erst einmal als Ergänzungskraft arbeiten wollte. Eine Gruppenleitung traut sie sich nicht zu. Von Kindesbeinen an zweifelt sie immer wieder an ihrer Leistungsfähigkeit und ist auch diesmal besorgt, dass sie eine Gruppenleitung möglicherweise nicht schaffen könnte. „Ich war noch nie wirklich gut in der Schule und das Lernen fiel mir immer schwer. Ich habe jetzt echt Stress, wenn ich eine Gruppenleitung übernehmen soll!“, sagt sie zu Bianca, einer Freundin, die mit ihr die Erzieherausbildung gemacht hat. Diese entgegnet: „Ja, wenn du so denkst, kann es wirklich schwierig werden. Ich habe einen Kurs gemacht, da ist mir klar geworden, dass das, was wir denken, eintreten kann, da wir es konstruieren. Das Gute ist, dass unser Hirn plastisch ist und Veränderungen möglich sind. So können wir unser Denken verändern.“

Theoretische Erklärung

Tanja konstruiert ihr Verständnis der Welt, indem sie die Dinge auf der Grundlage ihrer bisherigen Erfahrungen deutet. Diese haben scheinbar nicht dazu geführt, dass sie ein stabiles Selbstwertgefühl entwickeln konnte. Tanjas geringes Selbstwertgefühl resultiert möglicherweise aus dem Vergleich der aus ihrer Sicht niedrigen subjektiven Fähigkeiten und den neuen beruflichen Anforderungen, mit denen sie sich konfrontiert sieht. Ein hohes Selbstvertrauen gegenüber den Anforderungen an ihre Rolle als Gruppenleitung würde sie zeigen, wenn sie vorausschauend einschätzen könnte, dass sie diese Situation (die Gruppenleitung) sicher zu meistern in der Lage ist.

Die Einschätzung des Selbstvertrauens ist veränderbar und hängt im Normalfall von den jeweiligen Kompetenzen für bestimmte Tätigkeiten ab. Das Gefühl „Ich habe Selbstvertrauen“ verändert sich möglicherweise je nach Situation und Tagesform. Es gibt Menschen, die häufig ein unangemessenes Selbstvertrauen zeigen, indem sie ihre Leistungsvermögen über- oder unterschätzen. Daraus resultieren Fehleinschätzungen, welche auf der Grundlage individueller Einstellungen und Eigenschaften entstehen.

Damit ein stabiles Selbstvertrauen entstehen kann, sollten die vier Grundbedürfnisse des Menschen in Balance sein. Hierbei handelt es sich um Bindung und Zugehörigkeit, Orientierung und Kontrolle, Lustgewinn und Unlustvermeidung sowie Selbstwerterhöhung und -schutz (vgl. Klemenz, 2009, S. 54).

Die vier Grundbedürfnisse des Menschen Deci & Ryan, 1993, 2000 (vgl Klemenz, 2009, S. 56).

Tanja konstruiert also ihren Blick auf die Welt auf der Grundlage ihrer (negativen) Erfahrungen. Von Gerhard Roth (geb. 1942), einem deutschen Neurobiologen, stammt die These, dass wir als Menschen die Welt nicht sehen, wie sie wirklich ist, sondern vielmehr, wie sie uns erscheint und wie wir sie auf der Grundlage unserer Erfahrungen deuten (vgl. Roth, 1997, S. 88) Entsprechend verhalten wir uns auch.

ACHTSAMKEIT

Das bedeutet, dass wir Menschen unsere eigene Wirklichkeit konstruieren. Über die Sinne nehmen wir alle dieselben Informationen auf, verarbeiten diese aber sehr individuell. Dabei verknüpfen wir mit diesen Informationen subjektive Bedeutungen und auch unsere Interessens-, Motivations- und Gefühlslagen.

Kersten Reich (geb. 1948), Professor an der Universität zu Köln, vertritt die Annahme, dass der Mensch **Konstrukteur seiner Wirklichkeit** und somit „Erfinder" seines Lebens sei (vgl. Reich, 1996, S. 1021–1022).

Dabei erfinden Menschen nicht alles neu, sondern profitieren vielmehr von den Entdeckungen und Konstruktionen anderer Menschen. Sie vollziehen die Erfindungen anderer nach und werden so zum **Rekonstrukteur** des Wissens anderer und somit ebenfalls zum „Entdecker".
Da wir als Menschen auch mit den auf uns bezogenen Wissenskonstruktionen oft unzufrieden sind, überprüfen wir diese, analysieren sie und bemühen uns um einen Ansatzpunkt für eine Optimierung ihrer Brauchbarkeit. An diesem Punkt erfolgt die sogenannte **Dekonstruktion**. Die Ergebnisse und das Wissen von sich selbst und anderen wird kritisch hinterfragt und daraufhin möglicherweise verändert oder aufgelöst.
Wir Menschen können die Konstruktionsprozesse, die zu unserem Wissen führen, unbewusst selbst steuern. Konstruktionsprozesse sind die Denkprozesse, die zum Ergebnis führen. In Konstruktionsprozessen wird bereits Gelerntes mit bestehendem Wissen verknüpft und vor dem Hintergrund bisheriger Erfahrungen neu konstruiert oder rekonstruiert. Diese Lernwege erfordern eine immer wiederkehrende Neukonstruktion und werden vom Menschen erfunden.

ANREGUNG

Je interessierter, neugieriger und begeisterter ein Mensch auf neue Dinge zugeht oder seinen Alltag gestaltet, desto mehr Motivation (intrinsische Motivation) kann entstehen. Konstruiert ein Mensch, dass er etwas Sinnvolles und Nützliches tut, ist dies ein Baustein zu einem sinngebenden, erfüllten Leben und bedeutet Stärkung der Resilienz.

Was bedeutet das für Tanja? Welche Möglichkeiten haben Sie, wenn Sie wie Tanja ein weniger stabiles Selbstwertgefühl entwickelt haben?

Praktische Übung

* Nehmen Sie die Situationen wahr, in denen Sie spüren, dass Sie nicht das Selbstvertrauen haben, das Sie gerne hätten.
* Schätzen Sie auf einer Skala von 1 bis 10 ein, wie stabil Ihr Selbstwertgefühl ist.

1	2	3	4	5	6	7	8	9	10

* Spüren Sie in sich hinein. Wo nehmen Sie das Gefühl wahr? Lassen Sie es da sein. Nehmen Sie das Gefühl an: Es darf sein. Akzeptieren Sie, dass es ist, wie es ist.
* Finden Sie eine Situation, in der Sie sich als stark wahrgenommen haben. Oder überlegen Sie, welche Person aus Ihrer Sicht das Selbstwertgefühl hat, das Sie gerne hätten. Was könnten Sie von diesem Menschen lernen? Notieren Sie Ihre Gedanken.

1.4 Resilienztraining als Stressprävention

Ein mangelndes Selbstwertgefühl wirkt sich auf die Resilienz aus. Es kann dazu führen, dass Stress sehr individuell und somit verstärkt als negativ erlebt wird. Die täglichen Anforderungen im Beruf können negativen Stress (Distress) oder positiven Stress (Eustress) hervorrufen (Definitionen siehe S. 28).

Zu den täglichen Anforderungen des Berufs kommt der Kampf um die Anerkennung und Wertschätzung im sozialen Beruf. Der Erzieherberuf verändert sich. So ist die Zusammenarbeit mit Eltern für pädagogische Fachkräfte heute oftmals fordernder als noch vor zehn Jahren. Denn Eltern fühlen sich zunehmend mit der Erziehung ihrer Kinder überfordert und nehmen viel intensivere Begleitung und Beratung in Anspruch. Zudem wird von pädagogischen Fachkräften erwartet, dass sie Bildungsprogramme wie „Zahlenland“ oder Sprachförderprogramme zusätzlich zu den täglichen Aufgaben anbieten können.

Auch die Zusammenarbeit zwischen Schule und Kita hat sich verändert und fordert eine lückenlose Dokumentation der Entwicklung des Kindes. Darüber hinaus wird von pädagogischen Fachkräften erwartet, dass sie immer auf einem aktuellen fachlichen Stand sind und die Konzeptionen des jeweiligen Trägers einer Kita entsprechend anpassen und weiterentwickeln. Dies geht oft zulasten der direkten pädagogischen Arbeit mit dem Kind. Dazu kommt, dass Kinder mit herausforderndem Verhalten pädagogische Fachkräfte im Alltag und in der Zusammenarbeit mit ihren Eltern mehr und mehr fordern.

Eine derartige Vielzahl komplexer Aufgaben macht ein gutes **Selbstmanagement** erforderlich. Menschen mit einer entsprechenden Stressresistenz oder Resilienz gelingt die Alltagsbewältigung in der Regel gut. Vielen gelingt das jedoch nicht. Oft ist zu hören: „Ich kann nicht mehr, ich fühle mich total gestresst!“ An dieser Stelle kann der empfundene negative Stress, also der Distress, Einfluss auf das soziale Verhalten und die damit verbundenen Beziehungen der Betroffenen nehmen. Folgen können sein:

* Vermeidung zwischenmenschlicher Kontakte,
* Missbrauch und zu starke Ausnutzung von Hilfsangeboten, z. B. von Kollegen, sowie
* Suche nach Hilfe, um aus der Stressfalle herauszukommen.

Im Alltag fällt das Wort „Stress“ immer wieder. Es wird in unterschiedlichen Kontexten (Zusammenhängen) verwendet.

Was ist Stress?

Der Begriff „Stress“ kommt aus dem Englischen und entstammt der Geologie. Direkt übersetzt bedeutet er „Druck“ oder „Kraft“. Der österreichisch-kanadische Forscher Hans Selye (1907–1982) hat diesen Begriff in die Psychologie eingeführt, um Belastungen von Tieren und Menschen zu beschreiben (vgl. Selye, 1981, S. 163–187). Hierbei wird zwischen zwei Stresstypen unterschieden: dem Eustress und dem Distress. Der Eustress ist der positive Stress, welcher mit Energie und konstruktivem Schaffensdrang einhergeht, während der Distress die kräfteraubende Variante ist, welche Symptome wie Kopfschmerzen, Angst, Ärger und die damit verbundenen psychosomatischen Reaktionen hervorrufen kann (vgl. Schleth-Tams, 2016, S. 53).

Negativer Stress kann krank machen.

Stress war und ist grundsätzlich eine natürliche Reaktion des menschlichen Körpers auf eine unvorhergesehene Situation, welche eine Notfallreaktion in unserem Gehirn auslöst. Daraus folgend reagiert der Körper mit Symptomen wie Zittern oder einem Schweißausbruch. In der Geschichte der Menschheit war dies wichtig und erforderlich, da es das Überleben der Spezies sicherte. Daraus ergaben sich **drei Reaktionsmuster:**

1. Flucht,
2. Kampf,
3. Erstarrung (sich totstellen).

Diese Reaktionsmuster werden auch heute noch in als bedrohlich empfundenen Situationen beim Menschen aktiviert. Allerdings verharren moderne Menschen in den stressauslösenden Situationen und folgen nicht dem Impuls „Flucht“. Dieses Verhalten ist der Auslöser für Distress (negativer Stress), den der menschliche Körper nicht ohne Weiteres abbauen kann.

BEISPIEL

Juliane hat gerade ihre Ausbildung zur Erzieherin beendet und eine Stelle in der stationären Jugendhilfe angenommen. Sie fühlt sich von den Kindern und Jugendlichen sehr gefordert. In der Gruppe herrscht ein respektloser, verbalaggressiver Umgangston. Juliane ist das nicht gewöhnt. Nach einem Konflikt mit einer 14-Jährigen, die sie mit den Worten angeschrien hat: „Du hast mir überhaupt nix zu sagen, du bist nicht meine Mutter – verpiss dich!“, ist sie unfähig, sich zu rühren und darauf zu reagieren. Sie ist förmlich erstarrt. Erst durch das Reflexionsgespräch mit ihrer Kollegin, die ihr verdeutlicht, dass sie eine Stresssituation erlebt und entsprechend reagiert hat, kann sie verstehen, was passiert ist. Sie hat den Stress so intensiv empfunden, dass sie nicht mehr reagieren konnte. Das hatte erst einmal nichts mit der 14-Jährigen, mit der es zu einer Auseinandersetzung gekommen ist, zu tun. Juliane nimmt sich vor, sich auf solche Situationen vorzubereiten, indem sie sich auf ihren Atem konzentriert und sich die Frage stellt: „Ist das wahr, was dieses Mädchen sagt?“ Ihre Antwort hätte im beschriebenen Fall gelautet: „Stimmt, ja, ich bin nicht ihre Mutter.“ und „Nein, ich habe sehr wohl etwas zu sagen!“.

Die mit dem negativen Stress eintretenden Gefühle und das damit verbundene Denken haben Einfluss auf uns und unsere körperliche Verfassung. Das seelische Befinden wird beeinträchtigt. Dies verdeutlicht das folgende Vier-Komponenten-Modell zum Thema „Stresserleben", das von Junge, Neumer, Manz und Margraf entwickelt wurde. Das Modell verdeutlicht, wie Stress nicht nur körperliche Reaktionen, sondern auch Gedanken, Gefühle und Handlungen des Betroffenen beeinflusst.

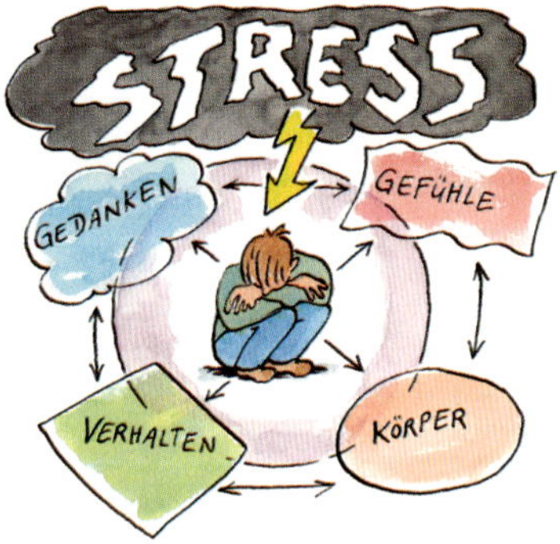

Das Vier-Komponentenmodell zum Thema „Stresserleben" (Junge/Neumer, Manz/Margraf, 2002, S. 64)

Menschen, die Situationen erleben, die Stress erzeugen, spüren zwar Stressreaktionen, doch diese sind zunächst nicht gesundheitsschädigend, wenn die Stressphase kurz ist. Oft wird die Belastung in diesen Situationen sogar als Eustress erlebt, welcher als angenehm und leistungssteigernd empfunden wird. Setzt sich das Stressempfinden fort, kann es allerdings zu Überlastungen kommen, was nicht selten gesundheitliche Auswirkungen hat. Wenn sich ein Mensch in einer andauernden Überlastungsphase befindet, kann er diese oft nicht mit den ihm zur Verfügung stehenden Bewältigungsstrategien meistern.

Wie entsteht Stress?

Doch wann entsteht Stress? Die Antwort ist einfach: Stress entsteht sehr individuell: nämlich dann, wenn der einzelne Mensch eine Situation als stressig bewertet. Oft hat die betroffene Person das Gefühl, dass ihr alles über den Kopf wachsen würde. Sie atmet flacher und fühlt sich unruhig. Zunehmend hat sie das Gefühl, die Situation nicht mehr kontrollieren zu können. Ein innerer Dialog beginnt: „Oh nein, wie soll ich das alles noch schaffen?!" Viele Menschen beginnen sehr früh, Situationen als stressig zu bewerten.

BEISPIEL

Im städtischen Familienzentrum „Lapislazuli" steht das alljährliche Sommerfest mit der Verabschiedung der Schulkinder an. Drei Kolleginnen des zehnköpfigen Teams sind für die Planung des Festes verantwortlich und haben jedes Jahr erneut das Gefühl, dass diese Veranstaltung für sie „Stress pur" sei.

Es stellt sich die Frage, was bei den pädagogischen Fachkräften im Vorfeld passiert, dass sie sich dermaßen gestresst fühlen. In diesem Zusammenhang sind mehrere Antworten möglich:

- Möglicherweise haben die pädagogischen Fachkräfte Angst, vom Rest des Teams abgelehnt zu werden, wenn sie sich einmal offen gegen die Durchführung des Sommerfestes aussprächen.
- Die Kolleginnen scheuen den Konflikt.
- Sie wollen Eltern und Kindern nicht enttäuschen, indem sie sich gegen das Sommerfest aussprechen.
- Die pädagogischen Fachkräfte haben einen hohen Anspruch an sich: Wenn das Sommerfest schon stattfindet, soll es perfekt werden. Damit fordern sie sich sehr in ihrem Anspruch und überfordern sich.
- Sie haben jedes Jahr das Gefühl, Fehler in der Vorbereitung und Durchführung ihrer Aufgaben zu machen. Innerlich verkrampfen sie und trauen sich nicht, Neues auszuprobieren. Das sollte natürlich niemand merken.

Diese Annahmen sind konstruiert und doch typische Denkmuster von Menschen, die innerlich Stress erzeugen können. Die Erzieherinnen erzeugen durch ihr Denken **Worst-Case-Szenarien** (Szenarien mit dem schlechtesten Fall), die gar nicht eintreten müssen. Die reale Situation wird auf diese Weise überbewertet, gleichzeitig werden die eigenen Fähigkeiten unterschätzt.

Wie kommt diese Situation zustande? Die pädagogischen Fachkräfte, um die es im Beispiel geht, sind in der Lage, sich über Stunden und Tage immer wieder die gleichen Geschichten zu erzählen. Diese selbst kreierten Szenarien rufen infolge des permanenten Denkens an die Situation intensive Emotionen hervor. Dies geschieht, weil die Situation, also die Vorbereitung des Sommerfestes, bewertet wird. Das Stressgeschehen kann sich somit entwickeln.

1

In der Psychologie wird Stress als Anpassungssyndrom innerhalb des menschlichen Systems definiert. Wie bereits dargestellt, reagierten unsere Vorfahren auf viele Anforderungen mit Kampf oder Flucht. In der heutigen Arbeits- und Lebenswelt ist das nicht möglich.

BEISPIEL

So wird keine pädagogische Fachkraft beim Gefühl der Überforderung aufgrund der Lautstärke im Gruppenraum fluchtartig weglaufen.

In der heutigen Zeit bleiben Menschen in der Regel in der stressverursachenden Situation. Unsere Vorfahren haben in von ihnen wahrgenommenen Gefahrensituationen die Flucht ergriffen. Der Körper stellt in diesem Moment eine Menge Energie zur Verfügung. Das sympathische Nervensystem wird aktiviert. Ein Cocktail von Adrenalin und Cortisol und anderen Hormonen wird ausgeschüttet. Durch die Flucht und die damit verbundene Bewegung konnten unsere Vorfahren diesen Energieüberschuss und die ausgeschütteten Stresshormone abbauen. In der heutigen Zeit verbleibt der für die Ausnahmesituation bereitgestellte Stresshormoncocktail im Körper und wird häufig nicht abgebaut. Daraus resultiert gefühlter Stress. Die gute Nachricht ist jedoch, dass unsere archaischen Programme noch hervorragend funktionieren. Auf eine reale Gefahr kann der Mensch immer noch schnell reagieren. Die schlechte Nachricht ist, dass für uns das Stressprogramm des Körpers in der heutigen Zeit oftmals nicht mehr hilfreich ist. Es passiert eher das Gegenteil. Ein leicht empfundener anregender Stress ist lebensnotwendig und auch lernfördernd, so die Motivationsforschung. Doch ein stark empfundener Stress, der mit Versagensängsten und dem Gefühl des Bedrohtseins einhergeht, ist nachteilig, wie Christian Roth, ein deutscher Psychologe (vgl. Roth: Warum sind Lehren und Lernen so schwierig?, Vortrag in Bremen am 20. Juni 2002, abrufbar unter www.die-bonn.de/doks/roth0301.pdf [27.03.2019]).

Wie passiert im Gehirn, wenn wir in Stress geraten?

Wir nehmen die Stresssituation über Augen, Ohren und den Körper wahr. Die so aufgenommenen Informationen werden sofort an das limbische System weitergeleitet und dort binnen Sekunden verarbeitet.

Definition
Das sogenannte limbische System setzt sich aus unterschiedlichen Gehirnstrukturen des Groß- und Zwischenhirns zusammen, die eine Funktionseinheit bilden. Vom limbischen System gesteuert werden die Triebe (Hunger, Durst, Sexualität), der Affekt und die emotionale Verarbeitung.

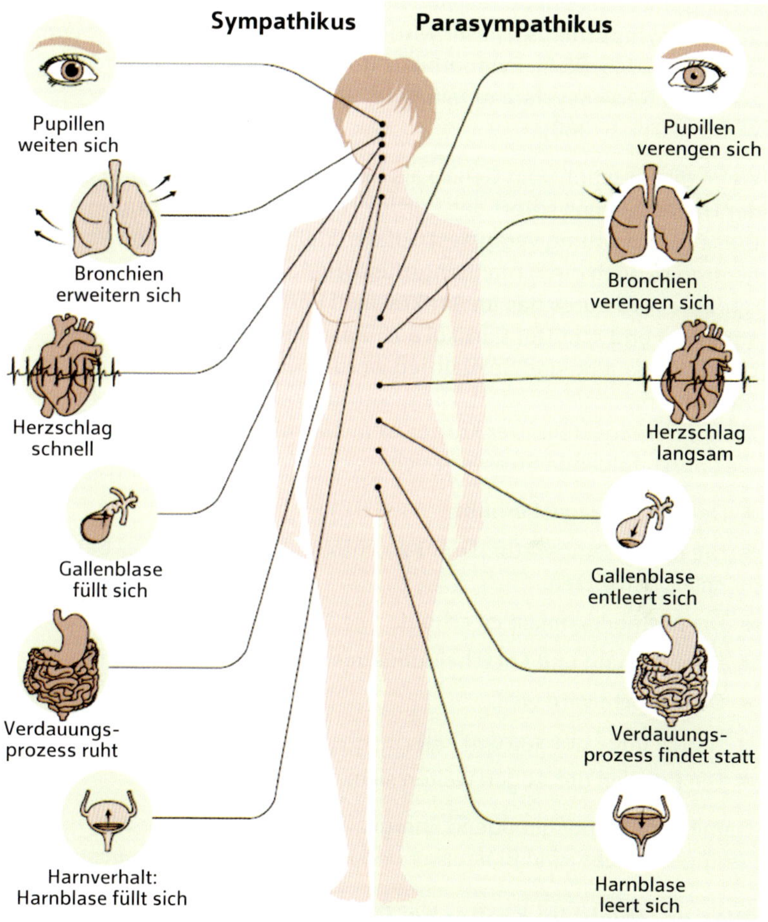

Das vegetative Nervensystem besteht aus Sympathikus und Parasympathikus.

Blitzschnell entscheidet das limbische System nach einer kurzen Abwägung, ob eine Situation bedrohlich ist oder nicht. Erinnerungen aus der Vergangenheit werden mit ähnlich erlebten Situationen abgeglichen. Wenn dieser Abgleich vollzogen ist, wird vom Gehirn Alarm ausgelöst, falls die entsprechende Situation als Bedrohung eingeordnet wird. Ist dies der Fall, werden alle Stressmechanismen auf der Stelle aktiviert. Sofort wird das Programm zur Überlebenssicherung gestartet. Damit der betroffene Mensch flüchten oder kämpfen kann, stellt der **Sympathikus**, ein Teil des Nervensystems, die körperlichen Funktionen ein. Sein Gegenpol im Nervensystem ist der **Parasympathikus**. Dieser wird in dieser Situation reduziert (vgl. Hüther, 2007, S. 38 f.). Sympathikus und Parasympathikus sind im zentralen Nervensystem miteinander verknüpft (vgl. Bienstein/Weber, 2014, S. 260).

Wenn die Situation vom Gehirn als Gefahr identifiziert wird, schüttet der Hypothalamus sofort das Corticotropin-Releasing-Hormon aus. Diese Ausschüttung veranlasst auf der Stelle die Produktion von Corticotropin durch die Hirnanhangdrüse (Hypophyse). Die Nebennierenrinde wird durch das im Blutkreislauf vorhandene Corticotropin stimuliert und schüttet Cortisol aus. Basisbedürfnisse wie Hunger, Durst, Verdauung und Sexualtrieb werden durch die Aktivierung der Stresshormone vermindert. Die gesamte Energie wird für Flucht oder Kampf bereitgestellt. Der Körper ist in Alarmbereitschaft und zeigt dies durch folgende Stressanzeichen:

- Der Herzschlag ist erhöht.
- Die Körpertemperatur nimmt zu, infolgedessen gerät der Betroffene ins Schwitzen.
- Die Aufmerksamkeit ist erhöht.
- Denkleistung und Entscheidungsgeschwindigkeit sind aktiv.
- Das Gesicht wird weiß.
- Hände und Füße werden kalt.
- Die Pupillen der Augen weiten sich.

Damit dem Körper genügend Energie für Körper und Seele zur Verfügung steht, sind Blutzucker und Eiweißabbau deutlich gesteigert.

Was geschieht im Körper bei Dauerstress?

Daueralarmbereitschaft durch Stress ist nicht zu unterschätzen. So verzeichnen die Krankenkassen seit 15 Jahren, dass Krankschreibungen, die durch Stress verursacht sind, zunehmen. Diese Feststellung ist alarmierend und spricht für präventives Handeln, wie beispielsweise ein Resilienztraining. Eine Dauerbelastung und daraus resultierender Stress können gesundheitliche Auswirkungen haben, z. B.:

* Herz-Kreislauf-Erkrankungen erfolgen durch die konstante Erregung des Sympathikus.
* Ein erhöhter Zuckerspiegel kann zu Leber- und anderen Organerkrankungen führen.
* Das Schlaganfallrisiko kann sich durch einen Cholesterinspiegel im oberen Bereich erhöhen.
* Magen-Darm-Erkrankungen können durch eine verminderte Darmtätigkeit entstehen.
* Verspannungen, Haltungs- und Gelenkschäden können Folge eines erhöhten Muskeltonus sein.
* Leistungsverlust und Erschöpfung lassen sich auf eine chronische Belastung zurückführen.
* Häufigere Infekte und Erkältungskrankheiten sind durch ein stressbedingt geschwächtes Immunsystem möglich.
* Das Risiko für die Entwicklung eines Überlastungssyndroms („Burn-out“) steigt bei kontinuierlichem Stresserleben.

Das Trainieren der Resilienz ist eine gute Prävention, welche die oben genannten Folgen von Stress gar nicht erst entstehen lässt oder ihnen entgegenwirkt. Sie haben die Möglichkeit, viel für Ihre eigene psychische und körperliche Gesundheit zu tun. Wir haben es in der Hand, wie wir Stress bewerten und darauf reagieren. Dies geschieht sehr individuell. Der englische Psychologe Richard Lazarus (1922–2002) beschreibt drei Formen und damit verbundene Funktionen, wie die kognitive Bewertung von Stress abläuft:

1. **Primärbewertung:** Die Auseinandersetzung mit der Umwelt und daraus resultierend der Blick auf das Wohlergehen des betroffenen Menschen steht hierbei im Vordergrund.
2. **Sekundärbewertung:** Der betroffene Mensch schätzt seine persönlichen Ressourcen und die damit verbundenen Auseinandersetzungsmöglichkeiten ein. Daraus schließt er, ob er eine Situation bewältigen kann. Kommt er zu dem Ergebnis, dass er keine verfügbaren Ressourcen hat, erfolgt eine Stressreaktion. Die Betrof-

fenen reagieren mit Aggression, Flucht oder Verleugnung. Diese Bewältigungsstrategien werden dann auch zukünftig in Stresssituationen angewendet.

3. **Neubewertung:** Der Erfolg der Bewältigungsstrategie wird bei der Neubewertung eingeordnet, um daraus resultierend eine Anpassung an die neue Situation zu vollziehen. Wenn sich der gestresste Mensch nun die Chance gibt, bedrohliche Situationen als Herausforderung zu sehen, entwickelt er eine gute Bewältigungsstrategie, aus der eine Umdeutung der Person-Umwelt-Beziehung erfolgt (vgl. Lazarus, unter: www.uni-bielefeld.de/psychologie/ae/AE02/LEHRE/Lazarus.pdf, S. 22 [27.03.2019]).

BEISPIEL

Cecilia hat vor drei Jahren eine Gruppenleitung in einer U3-Gruppe übernommen. Sie hat sich mit viel Freude und Engagement in die Arbeit gestürzt. Die ersten Monate sprühte sie vor Ideen und hatte genaue Vorstellungen, wie sie in dieser Gruppe arbeiten wollte. Anfangs war sie sehr hilfsbereit, Wenn Kolleginnen sie wegen einer Dienstplanänderung ansprachen, sprang sie gerne ein. Sie half an allen Ecken und bot gerne ihre Unterstützung an. Dann kam der Tag, an dem sich das ändern sollte. Ihre Mutter hatte einen Unfall und brauchte ihre Hilfe. Auch ihre Mutter unterstützte Cecilia, wo sie konnte. Aber schleichend fühlte sich Cecilia müde und unausgeschlafen und ihr Rücken schmerzte. Durch das zunehmende Gefühl einer ständigen Müdigkeit fühlte sie sich gereizter. Auch Kolleginnen gegenüber verhielt Cecilia sich nun unfreundlicher, wenn sie um Hilfe gebeten wurde. Anschließend tat ihr das immer sehr leid. Sie erhöhte ihre Anstrengung, damit alles funktionierte. Zunehmend wurde sie unzufriedener, selbstkritischer und konnte ihre eigenen Erwartungen nicht mehr erfüllen. Ihre Motivation schwand. Gar kein Verständnis mehr für sich selbst hatte sie, als sie einen wichtigen Gesprächstermin mit der Fachberatung vergaß, obwohl dieser im Kalender stand. Ihr Selbstvertrauen sank von Tag zu Tag. Gleichzeitig wuchs ihre Angst zu versagen. Frau Sehse, die Leiterin der Einrichtung, bat Cecilia daraufhin zum Gespräch. Sie hatte Cecilias Veränderung beobachtet und wollte sie nun thematisieren. Cecilia hatte das Gefühl, nichts mehr richtig zu machen. Sie fühlte sich nur noch hilflos und erschöpft.

Dieses Beispiel macht deutlich, dass viele Menschen eine längere Überlastung erst einmal nicht wahrnehmen und selbst aus diesem Grund auch nichts dagegen unternehmen. Was hätte Cecilia in dieser Situation helfen können? Und was kann möglicherweise Ihnen helfen, wenn Sie in ähnlichen Situationen der Doppelbelastung sind? Familienmanagement und Beruf unter einen Hut zu bekommen, ist oftmals gerade für Menschen im pädagogischen Bereich eine große Herausforderung, da die Öffnungszeiten der Institutionen, in denen die eigenen Kinder betreut werden, nicht zu den Arbeitszeiten passen. In diesem Zusammenhang können folgende Übungen zur Stressprophylaxe eine gute Hilfe sein.

Praktische Übung

* Stellen Sie sicher, dass Sie ausreichend trinken. Das klingt selbstverständlich, ist es aber oft nicht. Bei Stress wird das Trinken oft vergessen. Der Körper besteht zu ca. 70 % aus Wasser. Wasser transportiert Sauerstoff und Nährstoffe zum Gehirn. Halten Sie inne, und trinken Sie erst einmal achtsam ein großes Glas Wasser. Wenn Sie das öfter tun, kann dies zu einer Miniauszeit im Alltag werden.
* Unser Gehirn benötigt ca. 20 % des täglichen Energiebedarfs, um zu funktionieren. Essen Sie regelmäßig, damit Ihr Gehirn mit der nötigen Energie versorgt wird. Achten Sie dabei auf eine vollwertige Ernährung.
* Schaffen Sie bei allem Stress Auszeiten, in denen Bewegung in Ihrem Kalender steht. Durch Sport und Bewegung fördern Sie die Versorgung des Gehirns mit Sauerstoff und Nährstoffen. Dies führt zu einer besseren Konzentration, entspannt und baut Anspannungen ab.
* Schlafen Sie ausreichend. Das Gehirn leistet im Schlaf Höchstleistungen. Es verarbeitet das Tagesgeschehen, speichert wichtige Dinge im Langzeitgedächtnis und baut Stoffwechselprodukte ab. Sechs bis acht Stunden Schlaf sollten es in jedem Falle sein.

* Bei Stress leidet häufig die soziale Kontaktpflege, weil man zu hierfür zu erschöpft ist. Wissenschaftliche Studien zeigen, dass die Pflege sozialer Beziehungen das Wachstum der Gehirnzellen in der Großhirnrinde fördert. Die mentale Fitness hat eine Chance, sich zu entwickeln. Treffen Sie also in Ihrer Freizeit Familienmitglieder, Freunde oder Bekannte. Ihrem Gehirn tut die Abwechslung gut.

* Sollten Sie häufiger Stress empfinden, können Sie sich bewusst machen, dass Ihr Gehirn in diesem Fall auf uralte evolutionäre Programme zurückgreift. Vergegenwärtigen Sie sich, dass Kampf, Flucht oder der Totstellreflex im modernen Berufs- und Familienalltag nicht mehr überlebensnotwendig sind. Nehmen Sie Ihr persönliches Stressempfinden wahr – spüren Sie im Körper nach, wo es ist – bleiben Sie einfach bei der Wahrnehmung und vermeiden Sie Bewertungen wie beispielsweise: „Ah – mein Herz schlägt gerade, und ich spüre es bis in den Hals." Lassen Sie das Gefühl zu, ohne ärgerlich zu werden oder es weghaben zu wollen. Das verstärkt das Stressempfinden. Das Gefühl zuzulassen, es ohne Bewertung anzunehmen – es ist, wie es ist –, hilft in dieser Situation weiter. Trainieren Sie Ihre Wahrnehmung und üben Sie sich in der Annahme der damit verbundenen Empfindungen.

Haben Sie Geduld mit sich und gehen Sie auf die Trainingstrecke. Mentales Training erfordert genauso Übung wie das Trainieren für einen Marathon.

EIGENE NOTIZEN

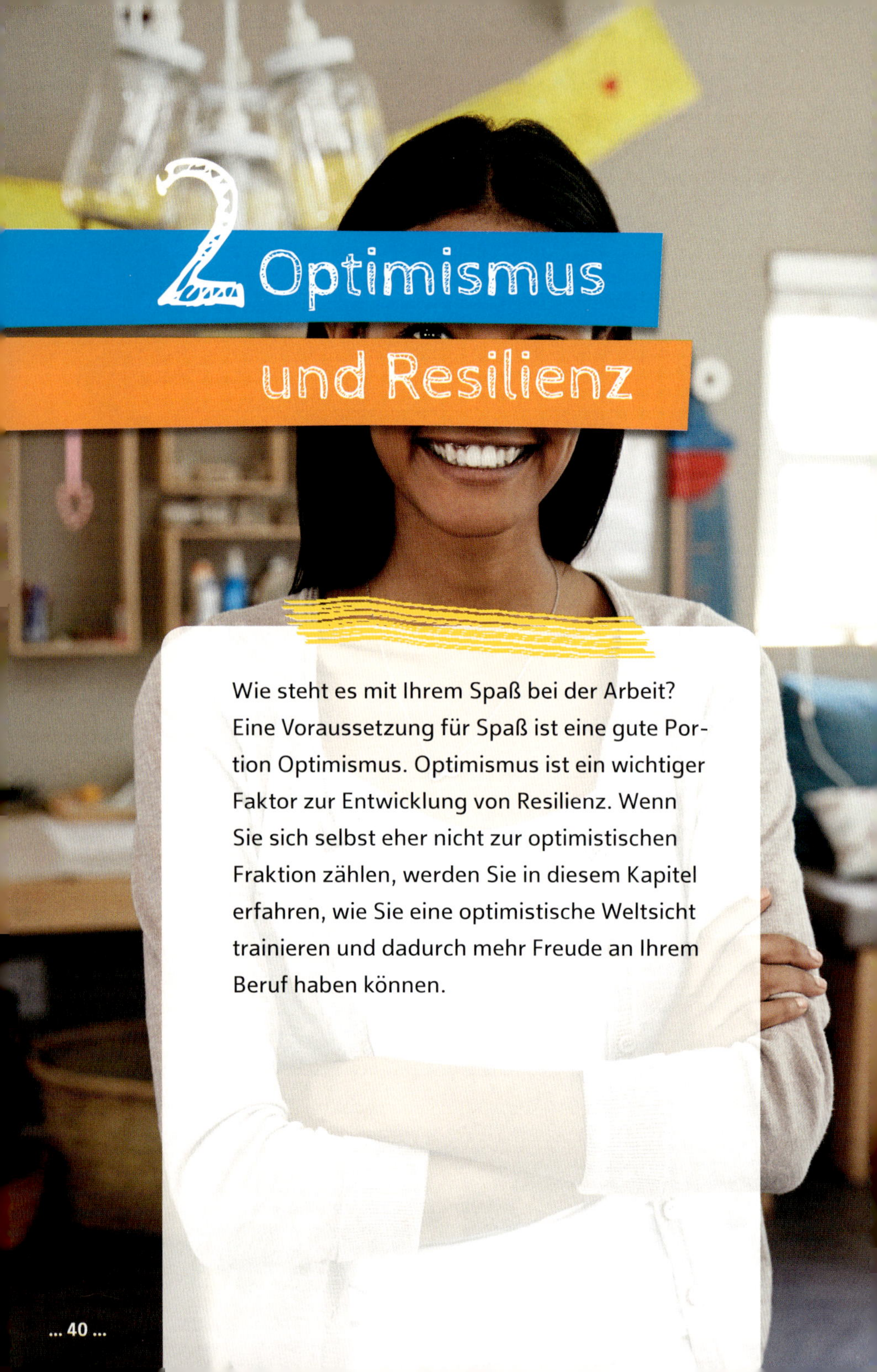

2 Optimismus und Resilienz

Wie steht es mit Ihrem Spaß bei der Arbeit? Eine Voraussetzung für Spaß ist eine gute Portion Optimismus. Optimismus ist ein wichtiger Faktor zur Entwicklung von Resilienz. Wenn Sie sich selbst eher nicht zur optimistischen Fraktion zählen, werden Sie in diesem Kapitel erfahren, wie Sie eine optimistische Weltsicht trainieren und dadurch mehr Freude an Ihrem Beruf haben können.

2.1 Optimismus als Schlüssel zum resilienten Leben

Bevor Sie einschätzen können, ob Sie zu den Optimisten gehören, soll dieser Begriff erst einmal definiert werden. Gibt man in einer Internet-Suchmaschine das Wort „Optimismus" ein, findet man zahlreiche Webseiten, die sich mit dem Thema „Optimismus" beschäftigen. Adjektive wie *lebenbejahend*, *zuversichtlich* oder *hoffnungsvoll* sind Eigenschaften, die mit Optimismus in Verbindung gebracht werden. Abgeleitet wird der Begriff „Optimismus" von dem lateinischen Wort „Optimum", was so viel heißt wie „das Beste". Daraus können wir schließen, dass optimistische Menschen fast immer davon überzeugt sind, die Kontrolle über sich und ihr Leben zu haben. Sie haben eine positive Grundhaltung und sind sicher, dass die Dinge gut ausgehen. Bildlich gesprochen hat der optimistische Mensch das Steuerrad seines Lebensschiffes grundsätzlich in der Hand und bestimmt, in welche Richtung es geht. Das Gegenteil des Optimisten ist der Pessimist, der grundsätzlich davon ausgeht, dass die Dinge ein schlechtes Ende nehmen werden.

Selbst in Krisenzeiten gehen Optimisten davon aus, dass sich ihre Angelegenheiten zum Guten wenden. Diese Haltung ist ein wichtiger Schlüssel zur Resilienz. Wie sieht es bei Ihnen aus? Sind Sie optimistisch? Keine Sorge! Wenn Sie das Gefühl haben, da geht noch was, lässt sich der Optimismus trainieren. Voraussetzung hierfür ist allerdings die Entscheidung, optimistischer werden zu wollen.

2.2 Lässt sich Optimismus trainieren?

„Unser Denken beeinflusst unsere Gefühle – das bietet gute Chancen, ein Optimist zu werden."

Optimismus ist trainierbar. Die Neuroplastizität des Gehirns, von der bereits die Rede war (siehe S. 23) macht dies möglich. Eine der Erkenntnisse der Neurowissenschaft ist, dass positive Emotionen neurobiologisch einen großen Einfluss auf die Befindlichkeit des Menschen haben. In Kapitel 1.2 wurde kurz auf die Neurowissenschaft eingegangen. Tobias Esch (geb. 1970), ein deutscher Neuro- und Gesundheitswissenschaftler, beschreibt dies so: „Dort wo die Aufmerksamkeit ist, fließt auch die Energie hin – „Energy flows, where attention goes" (vgl. Esch, 2014, S. 115). Auf die dazugehörigen neurologischen Prozesse einzugehen, würde den Rahmen dieses Praxisbuches sprengen.

Deshalb soll es hier ausschließlich um praktische und verständliche Informationen gehen. Wir selbst sind es, die den Optimismus in uns stärken können. Dies kann keiner für uns tun. Es beginnt mit dem Interesse und der Begeisterung, die wir allen für uns relevanten Menschen und Themen entgegenbringen. Um es mit Hüthers Worten zu sagen: „Wir müssen die Gießkanne der Begeisterung aktivieren." (Hüther, 2009). Hüther ist ein deutscher Neurowissenschaftler, der nicht müde wird, Menschen durch zahlreiche Publikationen daran zu erinnern, wozu ihr Gehirn in der Lage ist. Durch die Aktivierung des Glückshormons Dopamin erhält das Gehirn den Auftrag, Motivation und Antrieb zu steigern. Dies führt zu Spaß und Wachstum. Durch die Begeisterung und die damit verbundene erhöhte Aufmerksamkeit werden Struktur und Form des Gehirns verändert – eine Folge der bereits genannten Neuroplastizität. Das Gehirn hat mit diesen Voraussetzungen die Möglichkeit zur Selbstorganisation.

Manche Menschen fragen sich vielleicht: „Alles schön und gut, doch wie kann ich mich begeistern? Da gibt es gerade nichts." Die Betroffenen sollten wissen, dass alle Menschen von Natur aus ein starkes Interesse an innerem Wachstum, Anteilnahme und auch Flexibilität haben. Durch anhaltenden Stress und Belastungen können allerdings diese natürlichen Empfindungen eingeschränkt werden. Daraus entsteht das Gefühl, dass das Stressempfinden überwiegt. Umso wichtiger ist es in einem solchen Fall, das vorhandene Potenzial zu aktivieren.

2.3 Alltagstipps zum Optimismus-Training

Damit vorhandene Potenziale aktiviert und gestärkt werden, erhalten Sie hiermit einige Anregungen zum Training einer optimistischeren Lebenseinstellung.

Praktische Übungen

- Stärken Sie Ihre zwischenmenschlichen Beziehungen zu Familie, Freunden, Kolleginnen und Kollegen.
- Schaffen Sie positive Erfahrungen durch gemeinsame positive Erlebnisse.
- Überlegen Sie, was Sie interessieren könnte. Regen Sie Ihr inneres Wachstum durch „positiven Stress" an.
- Schärfen Sie Ihre Aufmerksamkeit für die Dinge, die gut gelingen, und schätzen Sie dies bei allen Menschen, die mit Ihnen zu tun haben. Geben sie Ihren Mitmenschen entsprechende positive Rückmeldungen. Ermutigen Sie Ihre Mitmenschen. Zeigen Sie Ihnen, dass sie gesehen und angenommen werden.

Auf diese Weise setzen Sie in Ihrem Gehirn einen Belohnungskreislauf in Gang. Das Gehirn kann nicht anders: Sie werden zunehmend optimistischer.

Praktische Übungen

- Überprüfen Sie, ob es anderen Menschen gelingt, Sie zu frustrieren, zu verärgern oder sogar wütend zu machen. Gehören Sie zu den Menschen, bei denen das Glas eher halb leer als halb voll ist?
- Schätzen Sie dies auf der Skala von 1 bis 10 ein.

1	2	3	4	5	6	7	8	9	10

Wenn Sie nicht so optimistisch sind, wie Sie sich das wünschen, sind Sie damit nicht allein. So wie Ihnen geht es vielen Menschen. Allerdings wissen Sie nun, dass Optimismus trainierbar ist. Vermeiden Sie es, anderen Menschen die Macht darüber geben, wie Sie sich fühlen, da dies auf Dauer sehr anstrengend ist. Übernehmen Sie vielmehr die Verantwortung für Ihre Gefühle und eine optimistische Lebenseinstellung. Die folgende praktische Übung kann Ihnen dabei helfen.

2

Praktische Übungen

- Schritt 1: Beginnen Sie damit, Ihre Gedanken bewusst wahrzunehmen. Fragen Sie sich: „Was denke ich? Welchen Gedanken habe ich, die mich verärgern?" Nehmen Sie diese Gedanken bewusst wahr.
- Schritt 2: Wenn es ein ärgerlicher Gedanke ist, setzten Sie in Ihren Gedanken bewusst ein „STOPP" ähnlich des Stoppschildes an der Straße, und stoppen Sie den Gedankenfluss.
- Schritt 3: Sobald Sie zu dem Gedanken zurückkehren: Stoppen Sie erneut. Immer wieder.
- Schritt 4: Setzen Sie bewusst einen Satz ein, der Sie von Ihrem negativen Gedanken abbringt. Atmen Sie tief durch und sagen Sie sich z. B.: „Ich bin der Chef/die Chefin meiner Gefühle."
- Schritt 5: Sobald Sie denken: „Das schaffe ich nicht", sagen Sie sich: „Ich schaffe das im Rahmen meiner Möglichkeiten."

ACHTSAMKEIT

Es braucht Geduld und Zeit, bis Ihr Gehirn versteht, dass Sie etwas ändern möchten. Das menschliche Gehirn benötigt mindestens 30 Tage, bevor es eine Veränderung verspürt. Seien Sie achtsam mit sich.

Eine optimistische Grundhaltung wird es Ihnen ermöglichen, mit Kindern und Eltern besser in Kontakt zu treten und Ihre Sichtweise positiv zu verändern. Dies zeigt das folgende Beispiel aus der beruflichen Praxis.

BEISPIEL

Frau Klöhr bringt jeden Morgen ihren dreijährigen Sohn Tom in die Einrichtung. Jeder Morgen verläuft in ähnlicher Weise. Die Eingangstür der Kita wird um 9.00 Uhr geschlossen. Frau Klöhr hetzt fast jeden Morgen gegen 8.59 Uhr in die Einrichtung. Völlig gestresst eilt sie mit Tom in die Garderobe und macht Tom Druck, sich zu beeilen. Sie zerrt ihm die Schuhe von den Füßen und sucht seine Pantoffeln. Diese befinden sich meistens nicht am dafür vorgesehenen Platz, da Tom die Angewohnheit hat, seine Hausschuhe immer in ein anderes Fach zu stellen. Frau Klöhr ärgert sich und tut dies auch lautstark kund. Tom sitzt zusammengesunken und teilnahmslos auf der Bank. Bisher hat Claudia, die als Erzieherin in der Kita arbeitet, Frau Klöhrs Verhalten maßlos geärgert. Doch seit sie ihren Fokus verändert und ihren Optimismus trainiert, visualisiert sie in Gedanken ein Stopp-Schild, sobald sie merkt, dass sie sich über das Frau Klöhrs Verhalten ärgert. Sobald sie ihren Gedankenstopp gesetzt hat, formuliert sie den Satz: „Ich bin die Herrin über meine Gedanken und gebe Frau Klöhr nicht die Macht, meine Gefühle zu steuern."

Durch diese veränderte Haltung gelingt es Claudia in einem Elterngespräch, mit Frau Klöhr in einen guten Dialog zu treten. Früher hätte sie Frau Klöhr Vorwürfe gemacht und ihr sehr deutlich zu verstehen gegeben, dass sie ihre Morgenorganisation an die Zeiten der Kita anpassen solle.

BEISPIEL

Heute beginnt Claudia das Elterngespräch, indem sie fragt: „Frau Klöhr, ich beobachte seit Wochen, dass Sie morgens immer sehr abgehetzt in der Kita ankommen. Das ist für Sie bestimmt sehr stressig. Was führt dazu?" Frau Klöhr hat das Gefühl, dass Claudia wirklich interessiert ist, und es entwickelt sich ein gutes Gespräch, in dem Frau Klöhr Claudia erzählt, dass Tom morgens sehr langsam sei und es dadurch häufig zu Zeitdruck komme. Gemeinsam überlegen sie, auf welche Weise die Situation verbessert werden könnte.

Praktische Übung

Optimismus lässt sich auch durch das sogenannte ABC der Gefühle trainieren. Der deutsche Psychologe Rolf Merkle hat hierdurch den Zusammenhang zwischen Denken und Fühlen aufgezeigt.

Stellen Sie sich folgende Fragen:

A: Wann und in welchen Situationen möchte ich optimistischer sein?

B: Welche Gedanken, Einstellungen und Bewertungen habe ich?

C: Welche Gefühle habe ich und welche Verhaltensweisen zeige ich? (vgl. Merkle, 2003, S. 36)

ACHTSAMKEIT

Legen Sie den Fokus auf die kleinen Fortschritte und freuen Sie sich darüber. Nehmen Sie es gelassen, wenn Sie immer mal wieder in alte Denkmuster zurückfallen. Entziehen Sie dem Ärger Ihre Aufmerksamkeit. Konzentrieren Sie sich auf die Dinge, die gut laufen. Seien Sie nachsichtig mit sich, wenn es Tage gibt, an denen Ihnen dies nicht so gut gelingt. Trainieren Sie Ihre Achtsamkeit.

2.4 Optimismus auf Knopfdruck? Anregungen für eine positive Grundhaltung im Alltag

An einer optimistischen Grundhaltung muss man arbeiten, sie lässt sich nicht „auf Knopfdruck“ erzeugen. Möglich ist es allerdings, durch einfache Handlungen im Alltag positive Gefühle hervorzurufen.

Folgende Aktivitäten können dazu beitragen, Menschen in eine **gute Stimmung** zu versetzen:

* das Anhören von Musik, die Sie in gute Laune versetzt,
* an die frische Luft gehen und tief ein- und ausatmen. Dies lässt sich auch von pädagogischen Fachkräften im Kita-Alltag gut umsetzen.

* Überlegen Sie, welche Situation aus Ihrer Vergangenheit Sie in gute Laune versetzt hat. Diese Situation visualisieren Sie vor Ihrem inneren Auge. Denken Sie nach: Was haben Sie damals gesehen, gehört, gefühlt, gerochen und geschmeckt? Versetzen Sie sich mental in die als angenehm erlebte Situation hinein. Wenn Sie ganz deutlich in dieser Situation sind, drücken Sie den rechten Daumen ihrer rechten Hand und verankern dieses Gefühl. Künftig können Sie in stressigen Situationen durch das Drücken des rechten Daumens das Gefühl, das Sie in dieser als positiv erlebten Situation hatten, aktivieren. Dies kann im trubeligen Berufsalltag, wenn Sie beispielsweise von 25 Kindern gefordert werden, sehr hilfreich sein.

Diese Anregungen können leicht im Alltag umgesetzt werden. Sie steigern zum einen durch das Hervorrufen positiver Gefühle eine entsprechende Grundhaltung, können aber auch zur Förderung der Gelassenheit eingesetzt werden, die Thema des nächsten Kapitels ist.

EIGENE NOTIZEN

3 Entscheidung zur Gelassenheit

> „Die Gelassenheit ist eine anmutige Form des Selbstbewusstseins."
>
> *(Marie von Ebner-Eschenbach)*

Menschen, die gelassen sind, können häufig die Gegebenheiten annehmen, wie sie sind. Und damit sind wir bei der zweiten Säule der Resilienz, der **Akzeptanz** als einer Grundlage der Gelassenheit. Häufig ist es im beruflichen Alltag schwierig, die Verhältnisse so zu akzeptieren, wie sie sind. Sei es, dass sich die rechtlichen Grundlagen der Arbeit verändern, wie z. B durch das KiBiZ, welches die Finanzierung des Personals veränderte, oder dass durch die Überbelegung von Gruppen die Arbeit in der Kita erschwert wird. Nicht selten fällt es pädagogischen Fachkräften auch schwer, zu akzeptieren, wie Eltern mit ihren Kindern umgehen oder wie eine Kollegin die Gruppe gestaltet.

Es gibt eine Reihe von Punkten, die zeigen, wann es uns schwerfällt, die Verhältnisse so anzunehmen, wie sie sind.

Praktische Übung

Notieren Sie auf ein Blatt Papier, in welchen Fällen es Ihnen schwerfällt, Gegebenheiten zu akzeptieren.

Ein erster Schritt zur Veränderung ist das Sichtbarmachen der Dinge, die einen stören. Doch worum geht es eigentlich, wenn von Akzeptanz die Rede ist?

Akzeptanz (von lat. accipere = gutheißen, annehmen, billigen) ist die Bereitschaft, Dinge und Menschen anzunehmen, wie sie sind, und zwar auch dann, wenn sie nicht unseren Vorstellungen entsprechen.

Dies ist oft eine große Herausforderung im pädagogischen Alltag. Dazu kommt, dass viele Menschen mit dem Begriff „Akzeptanz" eine Niederlage oder Kapitulation verbinden. Dem ist aber nicht so. Vielmehr muss jeder einzelne Mensch für sich entscheiden, inwieweit er sich in Akzeptanz üben kann oder nicht. Durch Studien aus der Achtsamkeitsforschung ist erwiesen, dass es im eigenen Interesse sehr sinnvoll sein kann, sich in Akzeptanz zu üben. Freundliche Akzeptanz bedeutet auch Achtsamkeit (vgl. Lazar, 2009, S. 312).

Das Thema „Akzeptanz" ist auch Bestandteil von Psychotherapien, z.B der Psychoanalyse oder der akzeptanzbasierten Verhaltenstherapie.

3.1 Akzeptieren, was ist und wie es ist

Dass Veränderung möglich ist und Menschen sich entscheiden können, Situationen, die sie nicht ändern können, zu akzeptieren, ist ein Ergebnis der Neurowissenschaft. So hat jeder Mensch die Möglichkeit, für sich auf den Prüfstand zu bringen, inwieweit er sich beispielsweise im Beruf durch Stress und Unzufriedenheit beeinträchtigt fühlt.

Praktische Übung

Halten Sie auf einer Skala von 1 bis 10 fest, wie ausgeprägt Ihre Kompetenz im Bereich „Akzeptanz" ist.

1	2	3	4	5	6	7	8	9	10

Das folgende Beispiel kann Ihnen dabei helfen, sich in eine Situation, in der Akzeptanz notwendig wäre, hineinzudenken.

BEISPIEL

Montagmorgen. Majas Wochenende war anstrengend. Die Erzieherin hat ihre Eltern besucht, die im 560 km entfernten Hannover leben. Sowohl auf der Hinfahrt als auch auf der Rückfahrt stand sie immer wieder im Stau. Sie ist erst am späten Sonntagabend zurückgekommen. Nun ist es 7.30 Uhr. Maja ist gerade in der Einrichtung angekommen, da klingelt das Telefon. Ihre Kollegin meldet sich für diese Woche krank. Für Maja bedeutet das, mit 25 Kindern im Alter von drei bis sechs Jahren allein in der Gruppe zu sein. Augenblicklich spürt sie, wie ihr Herz zu pochen beginnt und sich ihre Kehle zuschnürt. Sie weiß nicht, ob sie auf die Kollegin sauer sein soll, so viel Ärger spürt sie gerade. Tatsächlich weiß Maja in diesem Moment aber nicht genau, worauf sie so ärgerlich ist. Am liebsten würde sie ihre sieben Sachen packen und wieder nach Hause fahren. Doch da steht schon das erste Kind mit seiner Mutter in der Gruppe und möchte von Maja begrüßt werden.

Es ist sicherlich eine Frage des persönlichen Temperaments, wie Maja nun mit der Situation umgeht. Können Sie sich in Ihrem beruflichen Alltag eine ähnliche Situation vorstellen? Wenn Sie von Natur aus kein gelassener Mensch sind, wird sich diese auch nicht von heute auf morgen einstellen. Die Entwicklung von Gelassenheit ist nämlich ein Prozess, der geübt werden will. Wenn Sie sich einen gelasseneren Umgang mit herausfordernden Situationen wünschen und sich in Akzeptanz üben möchten, ist es wichtig, den für Sie passenden

Weg zu finden. Dabei geht es darum, den inneren ruhenden Pool in sich zu finden. Dieser sieht jedoch bei jedem Menschen anders aus.

ACHTSAMKEIT

Eine wichtige Voraussetzung gilt jedoch für alle:

Loslassen, um dann wieder anzunehmen.

Was ist damit gemeint? Im ersten Schritt darf der Ärger losgelassen werden. Hierbei können die folgenden praktische Übungen hilfreich sein.

Praktische Übungen

- Durch bewusstes Ein- und Ausatmen lassen Sie den Ärger los. Dabei können Sie sich vorstellen, wie Sie den Ärger ziehen lassen. Wohin auch immer – das ist Ihrer Fantasie überlassen.
- Machen Sie sich bewusst, dass alles Negative vorbeigeht, auch wenn es gerade nicht so scheint.
- Gewinnen Sie Klarheit darüber, was die nächsten Schritte sind, und fokussieren Sie möglichst entspannt die weitere Vorgehensweise.
- Sagen Sie sich: „Es ist, wie es ist."

„Nichts ist entspannender, als das anzunehmen, was kommt."

(Hopkins)

Eine Studie der Fordham Universität in New York hat herausgefunden, dass die Fähigkeit der Gelassenheit mit dem Alter zunimmt. Menschen ab 45 Jahren haben in Bezug auf Gelassenheit laut dieser Studie eine höhere Selbstkompetenz. Doch auch diese Gelassenheit kommt nicht ganz von allein und bedarf der Übung (vgl. Long/Schweppe, 2015, S. 10). Ein wesentlicher Faktor, um Gelassenheit entwickeln zu können, ist die Achtsamkeit.

3.2 Achtsamkeit

Seit Jon Kabat-Zinn, ein amerikanischer Mediziner, als Schüler von Thich Nhat Hanh das **Achtsamkeitstraining** entwickelt hat (MBSR-Training, das bedeutet „Mindfulness-Based-Stress-Reduction = auf Achtsamkeit beruhende Stressreduktion), erlebt das Thema „Achtsamkeit" einen regelrechten Boom (vgl. Kabat-Zinn, 2011, S. 11). Das Achtsamkeitstraining ist ein Training zur Stressbewältigung und ein anerkanntes Programm zur Burn-out-Prophylaxe. Doch was verstehen wir unter Achtsamkeit? Einen ersten Eindruck bietet in diesem Zusammenhang die folgende Grafik, die zeigt, dass sich Achtsamkeit aus verschiedenen Elementen zusammensetzt.

Elemente der Achtsamkeit

(TSR – Consulting C. Graf, unter http://tsrconsulting.de/news-dezember-2013/entschleunigung-mut-zur-achtsamkeit/, S. 27)

Wenn wir unsere Gedanken einmal bewusst wahrnehmen, stellen wir oftmals fest, dass wir gedanklich häufig in der Vergangenheit oder Zukunft sind. Oftmals kreisen die Gedanken noch um einen Konflikt, der beispielsweise gestern mit einer Kollegin stattgefunden hat. Oder aber es geht bereits gedanklich um die Planung zukünftiger Aktivitäten, z. B. des Sommerfestes.

ACHTSAMKEIT

Menschen, die ihre Achtsamkeit trainieren, sind dagegen meistens im gegenwärtigen Moment und nehmen wahr, was jetzt gerade geschieht. Sie sind im Hier und Jetzt. Diese Haltung ist verbunden mit einer Grundhaltung der Offenheit und Akzeptanz. Diese Menschen bewerten nicht: Die Dinge sind, wie sie sind.

Wer seine Achtsamkeit bereits länger trainiert, entwickelt eine neue Kraft in sich, die es ermöglicht, sich selbst zu erforschen und sich darüber Räume und Möglichkeiten einer feineren Wahrnehmung und neuen Handelns zu erschließen. Man könnte sagen, dass Achtsamkeit eine besondere Form der Aufmerksamkeit ist, welche die Qualität des menschlichen Bewusstseins beeinflusst. Durch die praktizierte Achtsamkeit wird es möglich, den gegenwärtigen Moment vorurteilsfrei wahrzunehmen und anzunehmen. Dies führt zu selbstbewusstem Handeln.

3.3 Selbstakzeptanz

Sich in Akzeptanz von Menschen und Gegebenheiten zu üben, ist jedoch wenig erfolgreich, wenn man sich nicht zuvor mit dem Thema „Selbstakzeptanz" beschäftigt hat.

Selbstakzeptanz bedeutet, sich selbst anzunehmen und zu akzeptieren, und zwar mit allen Stärken und Schwächen.

Dies ist eine große Aufgabe. Die meisten Menschen, denen die Selbstakzeptanz nicht so gut gelingt, haben Gründe dafür. Diese liegen oftmals weit zurück und haben häufig auch mit dem Bindungsverhalten der Eltern zu tun. Viele Menschen verhalten sich häufig noch nach in der Kindheit erworbenen Mustern. Sie wurden konditioniert, ein bestimmtes Verhalten zu zeigen. Allerdings können derartige Konditionierungen aufgelöst werden.

Praktische Übung

Wie gut können Sie sich annehmen und selbst akzeptieren? Schätzen Sie das auf der Skala von 1 bis 10 ein.

1	2	3	4	5	6	7	8	9	10

Möglicherweise liegen Sie mit der Einschätzung Ihrer Selbstakzeptanz bereits in einem hohen Bereich. Denn dies beeinflusst Privat- und Berufsleben positiv und vereinfacht vieles. Wenn dies nicht der Fall sein sollte, so erhalten Sie in diesem Buch erste Anregungen, wie Sie das ändern können. Viele Menschen bekämpfen und sabotieren sich innerlich selbst. Sie haben einen sehr aktiven „inneren Kritiker" oder „Saboteur". Ihnen ist nicht bewusst, dass mangelnde Selbstakzeptanz eng mit dem Selbstbewusstsein verbunden ist. Es ist schwierig, sich zu verändern, wenn man sich selbst nicht akzeptiert. Somit ist die Selbstakzeptanz eine Basis, die Veränderung erst möglich macht.

Keine Sorge: Sie müssen sich nicht *voller Begeisterung* so annehmen, wie Sie sind. Aber versuchen Sie, sich selbst anzunehmen und die Dinge zu akzeptieren, wie sie sind. Sie müssen diese nicht gut finden, aber annehmen: „Es ist, wie es ist." Wenn Sie Widerstände in sich spüren oder sich der innere Kritiker oder Saboteur zu Wort meldet, ist Ihre Aufmerksamkeit nicht 100 % auf die Selbstakzeptanz gerichtet. Aber erst wenn Sie sich selbst annehmen, ist der Boden für die Veränderung bereitet.

„Gott gebe mir die Gelassenheit, Dinge hinzunehmen, die ich nicht ändern kann, den Mut, Dinge zu ändern, die ich ändern kann, und die Weisheit, das eine vom anderen zu unterscheiden."

(Reinhold Niebuhr (1892–1972), US-amerikanischer Theologe, Philosoph und Politikwissenschaftler) (Niebuhr, in: Oetinger, online abrufbar unter http://www.wlb-stuttgart.de/sammlungen/handschriften/bestand/nachlaesse-und-autographen/oetinger-archiv/gelassenheitsgebet/ [30.03.2019])

Dieses Zitat bezieht sich sowohl auf die Akzeptanz als auch auf die Selbstakzeptanz. Indem Menschen Dinge akzeptieren, die sie nicht verändern können, sparen sie sich unangenehme Gefühle wie Hilflosigkeit, Ärger und Wut u. a. Mit der Entscheidung, die Aufmerksamkeit auf Konstruktives zu lenken, kann Energie gewonnen werden. Diese ist eine Voraussetzung für die Selbstannahme. Dabei kann die folgende praktische Übung hilfreich sein.

Praktische Übung

* Fertigen Sie eine Liste mit zwei Spalten an. Schreiben Sie in die eine Spalte: „Ich mag an mir [...]“ „Das kann ich gut [...]“. In die andere Spalte schreiben Sie: „Andere mögen an mir [...]“. Den ausgefüllten Zettel können Sie als Anker in die Hosentasche stecken und im Alltag je nach Situation herausholen und lesen.
* Nutzen Sie einen Spiegel und sagen Sie sich, wenn Sie sich darin betrachten: „Ich mag mich von Tag zu Tag mehr.“
* Sehen Sie Fehler ab sofort als Lernchance. Fragen Sie sich selbst: „Was lerne ich daraus?“, bevor Sie mit Selbstkritik und Selbstbeschimpfung beginnen. Lassen Sie den inneren selbstkritischen Dialog einfach sein.

Selbstakzeptanz kann auch gut in Verbindung mit Achtsamkeit trainiert werden. Bevor Sie mehr dazu im folgenden Kapitel erfahren, hier eine schöne Anregung, denn der Begriff „Selbstliebe“, der im folgenden Text verwendet wird, könnte auch durch „Selbstakzeptanz“ ersetzt werden.

Als ich mich selbst zu lieben begann [...] habe ich verstanden, dass ich immer und bei jeder Gelegenheit, zur richtigen Zeit am richtigen Ort bin und dass alles, was geschieht, richtig ist – von da an konnte ich ruhig sein.

Heute weiß ich: Das nennt man SELBST-BEWUSST-SEIN.

Als ich mich selbst zu lieben begann, konnte ich erkennen, dass emotionaler Schmerz und Leid nur Warnungen für mich sind, gegen meine eigene Wahrheit zu leben.

Heute weiß ich: Das nennt man AUTHENTISCH SEIN.

Als ich mich selbst zu lieben begann, habe ich verstanden, wie sehr es jemand beleidigen kann, wenn ich versuche, diesem Menschen meine Wünsche aufzudrücken, obwohl ich wusste, dass die Zeit nicht reif war und der Mensch nicht bereit, und auch wenn ich selbst dieser Mensch war.

Heute weiß ich: Das nennt man RESPEKT.

Als ich mich selbst zu lieben begann, habe ich aufgehört, mich nach einem anderen Leben zu sehnen und konnte sehen, dass alles um mich herum eine Einladung zum Wachsen war.

Heute weiß ich, das nennt man REIFE.

Als ich mich selbst zu lieben begann, habe ich aufgehört, mich meiner freien Zeit zu berauben, und ich habe aufgehört, weiter grandiose Projekte für die Zukunft zu entwerfen. Heute mache ich nur das, was mir Freude und Glück bringt, was ich liebe und was mein Herz zum Lachen bringt, auf meine eigene Art und Weise und in meinem eigenen Rhythmus.

Heute weiß ich, das nennt man EINFACHHEIT.

Als ich mich selbst zu lieben begann, habe ich mich von allem befreit, was nicht gesund für mich war, von Speisen, Menschen, Dingen, Situationen und von allem, das mich immer wieder hinunterzog, weg von mir selbst. Anfangs nannte ich das „Gesunden Egoismus“, aber heute weiß ich, das ist SELBSTLIEBE.

Als ich mich selbst zu lieben begann, habe ich aufgehört, immer recht haben zu wollen, so habe ich mich weniger geirrt.

Heute habe ich erkannt: Das nennt man BESCHEIDENHEIT.

Als ich mich selbst zu lieben begann, habe ich mich geweigert, weiter in der Vergangenheit zu leben und mich um meine Zukunft zu sorgen. Jetzt lebe ich nur noch in diesem Augenblick, wo ALLES stattfindet,

so lebe ich heute jeden Tag, Tag für Tag, und nenne es BEWUSSTHEIT.

Als ich mich zu lieben begann, da erkannte ich, dass mich mein Denken behindern und krank machen kann. Als ich mich jedoch mit meinem Herzen verband, bekam der Verstand einen wertvollen Verbündeten.

Diese Verbindung nenne ich heute HERZENSWEISHEIT.

Wir brauchen uns nicht weiter vor Auseinandersetzungen, Konflikten und Problemen mit uns selbst und anderen fürchten, denn sogar Sterne knallen manchmal aufeinander und es entstehen neue Welten.

Heute weiß ich: DAS IST DAS LEBEN!

(Charlie Chaplin an seinem 70. Geburtstag am 16. April 1959 (vgl. Lynen, 2014, S. 166)

3.4 Alltagsanregungen zur Achtsamkeit

Das Trainieren einer achtsamen Grundhaltung wird Ihre Grundhaltung zum Positiven verändern. Wichtig ist hierbei, alle Formen von Bewertungen aufzugeben. Das bedeutet Gedanken wie „Hat die Kollegin aber wieder schlechte Laune!“ oder angesichts eines Kindes mit herausforderndem Verhalten: „Was nervt Kai heute wieder, der bringt mich zur Weißglut!“ nicht mehr zuzulassen. Sie werden sich nun bestimmt fragen, wie das gelingen kann. Zum einen können Sie persönlich Ihre Achtsamkeit trainieren. Das führt zur klareren Wahrnehmung der eigenen Gedanken, Emotionen und Körpergefühle. Dabei werden Sie zunehmend in der Lage sein, die Ereignisse, Gegebenheiten oder das Verhalten von Menschen aus einer entspannteren Perspektive zu betrachten. Durch das Aufgeben der Bewertungen kann mit der Zeit ein neues Bewusstsein entstehen, das situationsabhängiges Handeln in Verbindung mit den eigenen Werten und Bedürfnissen ermöglicht.

Für pädagogische Fachkräfte ist eine der Schlüsselkompetenzen das Beobachten. Wer in der Lage ist, wertfrei zu beobachten, kann hierdurch ein tieferes Verständnis für sich selbst und berufliche Situationen entwickeln. Die Bewältigung der täglichen Herausforderungen im Alltag wird für Sie zunehmend stressfreier, wenn Sie sich kontinuierlich in Achtsamkeit üben.

Praktische Übungen

* Beginnen Sie Ihren Tag mit drei bewussten Atemzügen.
  Atmen Sie tief ein und aus. Jeder Tag sollte die Chance haben, zum besten Ihres Lebens zu werden. Im Alltag hilft es immer wieder, sich mit seinem Atem zu verbinden. Damit trainieren sie gleichzeitig Ihre Konzentration und Fokussierung im Alltag.
* Formulieren Sie einen persönlichen Code.
  Welche Verhaltensweise möchten Sie im Alltag verändern? Vielleicht möchten Sie nicht immer gleich gekränkt reagieren, wenn Ihnen eine Kollegin Feedback gibt, oder vielleicht möchten Sie geduldiger auf die Kinder in der Kita reagieren. Was ist es bei Ihnen? Schreiben Sie es auf.

Nun formulieren Sie ein für Sie kraftvollen Wort, das Sie emotional anspricht und motiviert. Es kann auch ein kraftvoller Satz sein, z. B.: „Ich höre mir das Feedback an und reagiere gelassen." Eine kurze Version mit nur einem Wort könnte sein: „Annehmen!" oder „Geduld" bei einem Kind, das Sie mit seinem Verhalten herausfordert.

Was ist Ihr Wort oder Satz? Bitte schreiben Sie es/ihn auf.

Der Zen-Meister Thich Nhat Hanh hat in seinem Buch „Die fünf Pfeiler der Weisheit" folgenden persönlichen Code formuliert:

> „Im Bewusstsein des Leides, das durch unachtsame Rede und durch die Unfähigkeit, anderen zuzuhören, entsteht, gelobe ich, liebevolles Sprechen und aufmerksames, mitfühlendes Zuhören zu entwickeln, um meinen Mitmenschen Freude und Glück zu bereiten und ihre Sorgen lindern zu helfen."
>
> *(Thich Nhat Hanh)*

Erinnern Sie sich regelmäßig an Ihr Codewort oder Ihren Codesatz, um es/ihn in stressigen Situationen zu Hilfe nehmen zu können.

* Richten Sie sich auf das aus, was Ihnen guttut.
  Im beruflichen Alltag gibt es Menschen und Tätigkeiten, die uns Kraft rauben und denen wir uns ausgeliefert fühlen. Zum Glück gibt es auf der anderen Seite auch die Menschen und Tätigkeiten, die uns guttun. Nehmen Sie das, was Ihnen guttut und Sie unterstützt, dankbar an, und wenden Sie sich dem vermehrt zu. Versuchen Sie, den unvermeidbaren kräftezehrenden Situationen und Menschen mehr Gelassenheit entgegenzubringen. Gehen Sie nicht in den inneren Widerstand, sondern nehmen Sie die Dinge und Situationen so an, wie sie sind: „Es ist, wie es ist."

* Reden Sie weniger und hören Sie mehr zu. Gerade im beruflichen Alltag kommt es häufig zu Situationen, in denen Menschen glauben, sich verteidigen zu müssen. Dem liegen häufig Missverständnisse zugrunde. Nicht selten geht es hierbei um Bedürfnisse der Gesprächspartner, die vom Gegenüber nicht wahrgenommen werden.

Es ist sinnvoll, andere Menschen reden zu lassen und zuzuhören, solange sie sprechen. Bleiben Sie mit Ihrer Aufmerksamkeit bei Ihrem Gegenüber. Schalten Sie Ihre Gedanken aus. Halten Sie Gesprächspausen aus. Wenn sie dennoch Unmut verspüren, bedeutet dies, dass Sie Ihr Gegenüber noch nicht verstanden haben. Stellen Sie aufrichtige und interessierte Fragen. Üben Sie sich in Vorurteilsfreiheit und Geduld.

* Achten Sie auf eine konstruktive Kommunikation. Nehmen Sie Ihren inneren und äußeren Dialog wahr. Sprechen Sie wertschätzend und respektvoll mit sich selbst und anderen. Im Laufe der Zeit wird diese Form des Trainings Ihre Stimmung verändern.
  Wenn Sie glauben, hierzu keine Zeit zu haben, dann besteht in der Kita immer noch die Möglichkeit, Achtsamkeitsübungen mit den Kindern in den gemeinsamen Alltag zu integrieren und aktiv durchzuführen. Auch den Kindern und Kolleginnen tut es gut, ihre Achtsamkeit zu trainieren und somit ihre Resilienz zu fördern.

EIGENE NOTIZEN

4 Lösungsorientiertes Denken

Wie lösungsorientiert sind Sie? Haben Sie sich damit schon einmal auseinandergesetzt? Manche Menschen möchten Probleme so schnell wie möglich „vom Tisch haben“. Sie handeln dabei allerdings schnell und unüberlegt. Diese Herangehensweise ist häufig nicht zielführend, da sich ein Problem oftmals durch viele ungelöste Faktoren entwickelt. Daher ist es wichtig, möglichst vorurteilsfrei und ohne Vorannahmen an die Lösung eines Problems heranzugehen. Wer die Fähigkeit besitzt, Probleme zu lösen, erlebt sich als selbstwirksam und stärkt somit seine Resilienz.

Menschen reagieren unterschiedlich auf Probleme. Dabei lassen sich verschiedene „Typen“ beschreiben:

* **Verdränger:** Diese Menschen neigen dazu, die Augen vor Problemen zu schließen und diese zu ignorieren. Das sind beispielsweise die Menschen, die ihre ungeöffneten Rechnungen in den Schubladen stapeln, und sich dann wundern, wenn der Gerichtsvollzieher vor der Tür steht.
* **Jammerer:** Diese Menschen fühlen sich als „Opfer“. Sie haben das Gefühl, Problemen und den damit verbundenen Situationen ausgeliefert zu sein. Sie jammern und ändern nichts an ihrer Situation. Oftmals beschuldigen sie den Träger der Einrichtung oder die Teammitglieder, an Problemen schuld zu sein.
* **Aktive:** Diese Menschen sind aktiv und nehmen zu jeder Zeit ihre Verantwortung wahr. Aktiv bemühen Sie sich um die Lösung auftretender Probleme. Ihr Motto lautet: „Probleme sind dazu da, gelöst zu werden.“ Sie nutzen zur Problemlösung ihr Wissen und ihre Kompetenzen. Wenn das nicht reicht, finden sie Unterstützung in ihrem Netzwerk.

Zu welchem Lösungstyp gehören Sie? Auch wenn Sie zu den Verdrängern und Jammerern gehören sollten, ist das kein Problem. Denn wenn Sie dies nicht mehr möchten, können Sie die Entscheidung treffen, das zu ändern. Mittlerweile wissen Sie, dass die Veränderung mit einer entsprechenden Entscheidung beginnt. Wichtig ist die grundsätzliche Frage: „Wie kann ich das schaffen?“ Wenn daraufhin eine Welle von Horrorszenarien Ihr Gehirn flutet, ist das zunächst eine völlig normale Reaktion, da Sie Ihren Selbstwert schützen möchten. Überprüfen Sie, welche Kompetenzen und Fertigkeiten Sie zur Bewältigung des Problems nutzen können. Lassen Sie sich nicht von der Lösung des Problems abhalten.

4.1 Lösungsorientierung als Schlüssel zum resilienten Leben

Wer sich mit einem Problem konfrontiert sieht, sollte darauf achten, das Problem und die damit verbundenen Gefühle nicht größer werden lassen. Stellen Sie sich folgende Fragen, die Sie darin unterstützen, die anstehenden Probleme zu lösen:

- Welche Schritte gehe ich, um diese Aufgabe oder das Problem zu lösen?
- Was brauche ich, um diese Herausforderung zu bewältigen?
- Wer aus meinem Netzwerk könnte mich unterstützen?
- Wie sieht mein erster Schritt zur Problemlösung aus?

Das Beantworten dieser Fragen kann dazu beitragen, eine objektivere Perspektive einzunehmen. So wird man nicht von einem Problem überwältigt und gelangt auf die Sachebene. Dadurch erhalten Sie einen freieren Blick auf die Lösungsmöglichkeiten, was mit Stressgefühlen nicht möglich ist. Der Raum für Lösungsmöglichkeiten ist eröffnet, und Sie erleben sich selbstwirksam.

4.2 Lässt sich eine lösungsorientierte Haltung trainieren?

Probleme und Krisen können Menschen wachsen und sich entwickeln lassen. Auch wenn Probleme und Krisen niemals willkommen sind, lassen sie sich nicht vermeiden.

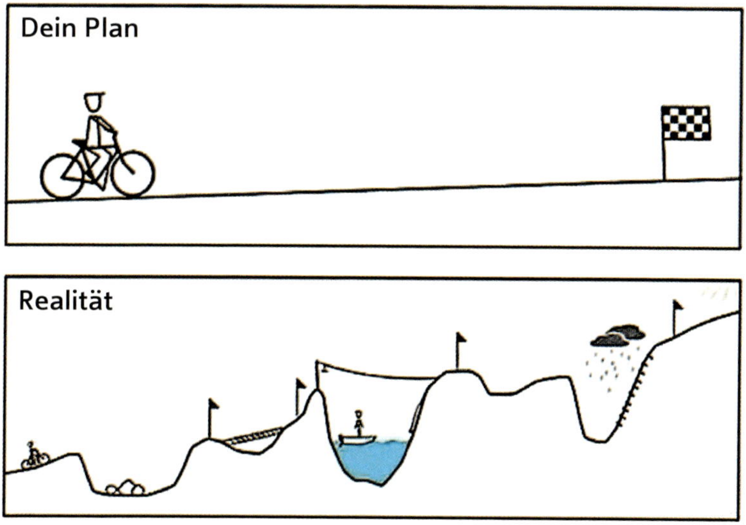

Vieles kommt anders. Plan und Realität können voneinander abweichen.

Krisen und Probleme gehören zum Leben. Man könnte sagen, dass das Leben uns bei jedem Problem in unserer Lösungskompetenz trainiert. Ohne Probleme und Krisen hätten Menschen keine Entwicklungs- und Wachstumschancen. Denn Herausforderungen geben uns die Möglichkeit zu reifen, wie der amerikanische Entwicklungspsychologe Erik H. Erikson (1902–1994) in seinem Stufenmodell der psychosozialen Entwicklung herausgearbeitet hat (vgl. Erikson, 1953, S.13). Vereinfacht ausgedrückt beschreibt Erikson, dass sich in jeder Lebensphase eines Menschen bestimmte Entwicklungsaufgaben stellen. Diese stehen im Spannungsfeld der individuellen Bedürfnisse und Wünsche auf der einen und den Anforderungen der sozialen Umwelt auf der anderen Seite (vgl. Erikson, 1953, S. 13). Krisen gehören demnach zur menschlichen Entwicklung.

ACHTSAMKEIT

Gelingt es uns, Probleme und Krisen als Entwicklungschance zu sehen, fällt es uns leichter, damit umzugehen.

Im Idealfall sind wir dankbar für die Lernmöglichkeiten, die uns Probleme und Herausforderungen bescheren. Auch hierbei ist der „innere Dialog" von Bedeutung. Wie kommunizieren Sie mit sich selbst, wenn Sie ein Problem bewältigt haben? Sind Sie stolz auf sich oder versinken Sie in Selbstkritik, weil Sie manches hätten besser machen können? Wenn Sie mit sich unzufrieden sind, führt dies zum Verlust von Motivation und Energie. Wenn diese fehlt, sabotieren Sie sich selbst. Dies geschieht oftmals bei Perfektionisten. Diese führen häufig einen inneren Dialog, der ihren inneren Kritiker laut werden lässt, z. B.:

- „Das hättest Du besser hinbekommen können!"
- „Bist Du zu dumm, eine schnelle Lösung zu entwickeln?"
- „Meine Kollegin Babs hätte das viel besser gelöst als ich." usw.

Bringen Sie Ihren inneren Kritiker zum Schweigen. Vor allem auch der Vergleich mit anderen Menschen kann eine Menge Energie rauben und die Stimmung negativ beeinflussen.

4.3 Alltagsanregungen zur Lösungsorientierung

Versuchen Sie, jedes Problem oder jede Krise als Möglichkeit zu sehen, mit Freude im Lernprozess zu wachsen. Die Frage „Was passiert schlimmstenfalls?" kann dabei oft eine große Hilfe sein, die vieles relativiert.

Praktische Übungen

* Vergegenwärtigen Sie sich, dass Probleme Lernchancen sind. Daraus wird sich Energie und Handlungsbereitschaft entwickeln.
* Stellen Sie sich offene Fragen und beantworten Sie diese:
  - Welche Lernchance steckt für mich in diesem Problem? Was kann ich nach dessen Bewältigung, was ich vorher noch nicht konnte?
  - Was steckt Positives für andere, aber auch für mich in dieser Herausforderung?
  - Welche Kompetenzen kann ich durch die Lösung des Problems entwickeln?
  - Welche Fähigkeiten und Fertigkeiten kann ich durch die Bewältigung des Problems trainieren?
* Nutzen Sie beispielsweise die Möglichkeit von Kreativmethoden und Visualisierungen wie z. B. der Mindmap oder des Brainstormings, um Lösungen zu finden. Erweitern Sie Ihre Aufzeichnungen um die möglichen Fragen:
  - Wer ist alles am Problem/Konflikt beteiligt?
  - Wer und was hat Einfluss auf das Problem?
  - Was wurde schon unternommen, um die Herausforderung zu bewältigen?

Machen Sie sich bewusst, dass in den meisten Fällen mehrere Lösungen und Lösungswege möglich sind. Nehmen Sie sich die Zeit, die Sie brauchen, um passende Lösungsansätze zu entwickeln. Oftmals lösen sich Probleme von allein, wenn man sich mit ihnen befasst.

ACHTSAMKEIT

Seien Sie im Lösungsprozess achtsam mit sich und allen, die in ein Problem involviert sind. So bleiben Sie offen und können auch noch weitere Problemlösungen entdecken.

Problem oder Lösung? Wählen Sie Ihren Fokus.

EIGENE NOTIZEN

5 Selbstwirksames Handeln

Auch die Selbstwirksamkeit ist einer der Schlüssel zur Resilienz. Es gibt Menschen, die sich als selbstwirksam erleben. Sie haben die intrinsische Motivation, eine Lösung für ihre Probleme zu finden. Sie tragen die innere Überzeugung in sich, dass sich Herausforderungen aus eigener Kraft bewältigen lassen, auch wenn zunächst einmal nicht klar ist, wie genau dies geschehen soll. Selbstwirksame Menschen sind zur Entwicklung bereit. Wie die anderen Komponenten der Resilienz lassen sich auch Selbstwirksamkeitserwartung und selbstwirksames Handeln trainieren.

5.1 Selbstwirksamkeit als Schlüssel zur Resilienz

„Es ist nicht genug zu wissen, man muss auch anwenden; es ist nicht genug zu wollen, man muss auch tun."

(Johann Wolfgang von Goethe)

Jeder Mensch hat in unterschiedlichen sozialen Kontexten verschiedene Rollen und verhält sich entsprechend unterschiedlich.

BEISPIEL

Als Mutter, Vater oder Tochter/Sohn haben Sie eine Rolle im Familienkreis, als Freund oder Freundin eine Rolle im Freundeskreis. Dazu kommt die Rolle, die Sie als pädagogische Fachkraft im Beruf einnehmen.

Jede Rolle und die damit verbundenen Aufgaben beinhaltet eine bestimmte Herausforderung. Ob ein Mensch die Herausforderung annimmt und sagt: „Das schaffe ich!" oder aber: „Das schaffe ich nicht!", wirkt sich auf die Erfolgswahrscheinlichkeit, eine Rolle adäquat ausfüllen zu können, aus. Die Grundüberzeugung, Herausforderungen meistern zu können, entscheidet mit über den Erfolg.

Wie Menschen Krisen bewältigen hat, nichts mit den Kompetenzen und Fertigkeiten des Einzelnen zu tun. Doch je zuversichtlicher und selbstbewusster jemand ist, desto eher kann ihm die Bewältigung einer Krise gelingen. Bildlich ausgedrückt: Selbstwirksame Menschen sehen den Sand, doch sie vermeiden es den Kopf hineinzustecken. Der selbstwirksame Mensch nimmt beherzt die Herausforderungen an und bewältigt sie im Rahmen seiner Möglichkeiten. Wenn Plan A nicht gelingt, setzt ein Mensch, der sich als selbstwirksam erlebt, auch noch auf den Plan B. Menschen entwickeln im Verlauf ihrer Lebensspanne eine Grundhaltung über ihre persönliche Fähigkeit, Probleme zu lösen. Dies hat viel mit dem Selbstbild zu tun, das sich in der frühen Kindheit entwickelt hat.

Der kanadische Psychologe Albert Bandura (geb. 1925) hat den Begriff der Selbstwirksamkeit („self-efficacy beliefs") bzw.

„Selbstwirksamkeitserwartung in den 1970er-Jahren geprägt (Bandura, 1979, S. 86).

Definition: Selbstwirksamkeitserwartung

Die Erwartung eines Menschen, durch eigene Kompetenzen, gewünschte Handlungen erfolgreich selbst ausführen zu können, wird als „Selbstwirksamkeitserwartung“ bezeichnet.

Menschen haben unterschiedliche Selbstwirksamkeitserwartungen, die durch ihre Erfahrungen geprägt sind. Entsprechend werden auch Erfolge oder Misserfolge verarbeitet. Die Denkweise eines selbstwirksamen Menschen unterscheidet sich sehr von der eines eher misserfolgsorientierten Menschen. Selbstwirksame Menschen verarbeiten Scheitern oder Misserfolge mit folgenden Gedanken oder Aussagen:

BEISPIELE

* *„Dass dieser Elternabend so unbefriedigend verlaufen ist, lag nicht an mir, sondern an den ungünstigen Rahmenbedingungen und der mangelnden Vorbereitung durch die Kollegin.“*
* *„Ich habe noch nicht genug Erfahrung. Ich bereite mich für den nächsten Elternabend noch besser vor. Jetzt weiß ich, worauf ich achten muss.“*

Selbstwirksame Menschen reflektieren ihr Tun und versuchen, daraus zu lernen. Sie lassen dabei keine Zweifel an ihrer Kompetenz aufkommen. Im Gegenzug denkt eine pädagogische Fachkraft, die sich als wenig selbstwirksam begreift, möglicherweise folgendermaßen: „Das war mir doch gleich klar, dass ich den Elternabend nicht hinbekomme, und das bleibt so, mit Sicherheit!“

Menschen, die sich als wenig selbstwirksam empfinden, speichern Misserfolge als Versagen im Gedächtnis ab. Wenn die oben erwähnte pädagogische Fachkraft z. B. den nächsten Elternabend planen muss, tut sie es wahrscheinlich mit großen inneren Widerständen. Denn ihre Denkweise ist negativ und wirkt sich auf ihre Erwartungen aus. Wie in einer Trance erzählt sich ein Mensch ohne eine hohe Selbstwirksamkeitserwartung, dass die Dinge nicht gelingen können, was er immer gesagt habe. Erst mit der bewussten Entscheidung, dieses „Negativprogramm“ aufzugeben, wird eine aktive Bearbeitung möglich und ein Veränderungsprozess kann eingeleitet werden.

5.2 Lässt sich die Selbstwirksamkeitserwartung trainieren?

Menschen mit einer hohen Selbstwirksamkeitserwartung haben häufiger Erfolg, da sie Vertrauen in die eigenen Fähigkeiten entwickelt haben. Das bedeutet für Menschen, die ihrerseits eine höhere Selbstwirksamkeit erreichen möchten, in erster Linie, Verantwortung zu übernehmen und sich für eine Veränderung zu entscheiden. Häufig fühlen sich weniger selbstwirksame Menschen als Opfer, meistens geben sie anderen die Schuld an ihren Misserfolgen und Problemen.

BEISPIEL

Leila ist seit drei Jahren Gruppenleiterin in einem dreigruppigen Familienzentrum. Ihre Arbeit hat sie von Anfang an als sehr anstrengend empfunden. Jeden Tag kommt sie nach Hause und berichtet ihrem Mann, was wieder schiefgegangen ist. Dabei ist ihre Stimmung missmutig und gereizt. Sätze wie „Würde doch die Leiterin unserer Einrichtung Tims Mutter endlich sagen, dass ihr Verhalten so nicht funktioniert!“ sind an der Tagesordnung. In Leilas Erzählungen haben fast ausschließlich Eltern, Teammitglieder oder Kinder ihr Verhalten zu ändern. Leila setzt schon voraus, dass die von ihr angesprochenen Eltern ihr grundsätzlich nicht zuhören, weil sie als junge Frau noch keine eigenen Kinder hat. Leila hat eine Misserfolgserwartung aufgebaut.

Was könnte Leila an ihrem Verhalten ändern? Leila sollte sich erst einmal die Frage stellen, ob sie ihr als unbefriedigend empfundenes Berufsleben auf diese Weise weiterführen möchte, da dies sehr anstrengend ist und sie sich dabei nicht wohl fühlt. In Leilas Augen tragen andere die Verantwortung dafür, dass sie sich so belastet fühlt. Daher ist ihr dringend zu raten, ihre Selbstwirksamkeitserwartung zu aktivieren.

Es gibt viele Menschen, die in ihrer Kindheit und Jugendzeit wenig bis gar kein Vertrauen zu sich selbst entwickelt habe. Leila könnte zu dieser Gruppe gehören. Doch sie hat die Chance, ihre Selbstwirksamkeit zu entwickeln, wenn sie versteht, wie ihr Gehirn funktioniert. Sie kann lernen, dass sie mit der Energie ihres Denkens ihre Gefühle positiv oder negativ beeinflussen kann. Alltagsanregungen zum Training der Selbstwirksamkeitserwartung sind Thema des nächsten Kapitels.

5.3 Alltagsanregungen zur Entwicklung der Selbstwirksamkeit

Auch bei der Entwicklung der Selbstwirksamkeit ist das bewusste Wahrnehmen der Gedanken und damit verbunden das Beobachten der Gedanken elementar (siehe Achtsamkeitsübung auf S. 59).

Praktische Übung

* Richten Sie bewusst Ihre Gedanken auf die Dinge, die gut funktionieren.
* Suchen Sie sich mindestens drei davon aus, die Sie nach der Arbeit in ein kleines Büchlein schreiben.

Für Leila, die im Beispiel oben vorgestellt wurde, ist es wichtig, sich einen kurz gesteckten Zeitrahmen fürs „Jammern“ zu setzen, um im Anschluss daran ihren Fokus positiv auszurichten. Auch wenn sie das Gefühl hat, dass dies erst einmal nicht klappt, sollte sie unbedingt dranbleiben und weiter trainieren, da dies das Vertrauen in die eigenen Fähigkeiten stärkt. Schon bald wird Leila merken, dass

* sie eine höhere Anstrengungsbereitschaft und Frustrationstoleranz entwickelt,
* ihr Selbstvertrauen wächst und

* sich ihre Sicht auf die Dinge verändert, weil sie handelt.

Auch für Sie kann das hier beschriebene Vorgehen hilfreich sein. Denn Menschen, die ihre Selbstwirksamkeit erhöhen, stabilisieren ihr Selbstvertrauen. Mit dem so gewonnenen Selbstvertrauen in die eigenen Fähigkeiten fällt es leichter, die Herausforderungen des Lebens anzunehmen. Dies wird sich auf alle Lebensbereiche auswirken, die der deutsche Psychologe Hilarion G. Petzold als **Säulen der Identität** beschrieben hat: Körper und Gesundheit, soziale Beziehungen, Arbeits- und Leistungsfähigkeit, materielle Sicherheit, Werte und Ideale.

DER MENSCH – SÄULEN DER IDENTITÄT
VON HILARION PETZOLD

KÖRPER	GESELLSCHAFT SOZIALES	MATERIELLE SICHERHEIT	ARBEIT LEISTUNG	WERTE
GESUNDHEIT KÖRPERGE-FÜHL KÖRPERLICHE ENTWICKLUNG SEXUALITÄT SPORT AUSSEHEN	FAMILIE FREUNDE BEZIEHUNGEN ERSTE LIEBE VEREINE KLUBS CLIQUE	EINKOMMEN WOHNUNG TASCHENGELD MODE KONSUM MOBILITÄT	SCHULE ARBEIT HOBBYS KREATIVITÄT ENGAGEMENT EHRENAMT	NORMEN ERZIEHUNG GESELLSCHAFT GLAUBE UMWEIT GESETZE ....

Die fünf Säulen der Identität (vgl. Petzold, 2012, S. 539 f.)

Selbstwirksamkeit zeichnet sich dadurch aus, dass Menschen in den genannten Lebensbereichen eine hohe Flexibilität zeigen und bereit zur Weiterentwicklung sind. Dies ist auch gesellschaftlich gefordert. Lebenslanges Lernen und eine damit einhergehende kontinuierliche Weiterentwicklung sind in der modernen Arbeitswelt eine Selbstverständlichkeit. Dies gilt auch für Menschen, die in sozialpädagogischen Berufen arbeiten. Selbstwirksam ist der Mensch, der zu einer gelungenen Selbstreflexion in der Lage ist. Aus dieser Reflexion ergeben sich Lernaufgaben für die weitere Entwicklung. Für Menschen mit einem hohen Grad an Selbstwirksamkeit ist Stillstand ein Fremdwort. Folgende Kompetenzen ergänzen die Selbstwirksamkeit:

* Offenheit für neue Ideen und dem Lernen gegenüber,
* Kreativität in der Problemlösung,
* Flexibilität im Umgang mit unvorhergesehenen Situationen,
* Wahrnehmung von Chancen und die Bereitschaft, diese zu nutzen,

* Übernahme der Verantwortung für sich selbst (und andere),
* Interesse und Engagement für die eigene Entwicklung,
* Zielerreichungskompetenz.

In der beruflichen Praxis sind selbstwirksame Kollegen und Kolleginnen, die sich neuen Herausforderungen stellen und Eigeninitiative mitbringen, ein Geschenk. Erhöhen können Sie Ihre persönliche Selbstwirksamkeit, indem Sie sich mit den von Albert Bandura (geb. 1925) genannten vier Quellen der Selbstwirksamkeit auseinandersetzen (Bandura, 1979, S. 87–89).

Quellen der Selbstwirksamkeit

1. Physiologische, emotionale Zustände und Reaktionen

Ein persönliches gut entwickeltes Management der eigenen Emotionen und physiologischen Reaktionen ist in der Entwicklung der Selbstwirksamkeit von Bedeutung. Dies sollte unabhängig von den Fähigkeiten eingeordnet werden. Schweißausbrüche oder Zittern haben z. B. nichts mit den Fähigkeiten eines Menschen zu tun. Diese Signale halten manche Menschen allerdings davon ab, bestimmte Aufgaben aus Angst vor dem Scheitern anzugehen. Wichtig hierbei ist es, die Ursachen der eigenen Emotionen und physiologischen Reaktionen analysieren und erklären zu können. Die Einordnung fällt dann zunehmend leichter und nimmt die Hemmungen.

Praktische Übung

Bewerten Sie auf einer Skala von 1 bis 10, wie gut es Ihnen gelingt, Ihre Emotionen zu managen.

1	2	3	4	5	6	7	8	9	10

2. Erfolgserlebnisse sammeln durch die Bewältigung von Herausforderungen

Sie haben bestimmt schon die Erfahrung gemacht, dass Ihnen die Bewältigung einer herausfordernden Aufgabe gelingen kann. Wenn Sie wiederholt erleben, dass Sie schwierige Aufgaben lösen können, trauen Sie sich mit der Zeit immer mehr zu. Vor allem die sogenannten „Mastery Experiences“ (nachhaltige Erfolgserfahrungen) können zu guten Bewältigungsstrategien führen. Menschen, die mit einer Situation oder Aufgabe konfrontiert werden, von der sie nicht wissen, wie sie sie lösen sollen, und die diese bewältigen, ermöglicht diese Erfahrung die „Mastery Experience. Wenn es also gelingt, eine Aufgabe durch eigene Anstrengungen und die Planung von Hilfen zu lösen, stärkt dies das Vertrauen in die persönliche Kompetenz.

Praktische Übung

Überlegen Sie: Welche schwierigen Herausforderungen und Situationen haben Sie schon bewältigt? Notieren Sie Ihre Antwort auf ein Blatt Papier.

3. Lernen am Modell und durch Vorbilder

Das Beobachten einer Person, die durch eigene Anstrengungen schwierige Herausforderungen meistert oder Pläne umsetzt, kann das persönliche Vertrauen stärken, ebenfalls schwierige Situationen meistern zu können. Je ähnlicher das Vorbild einem Menschen, der es als Modell nutzt, ist, desto eher kann das Lernen am Modell erfolgreich sein.

Praktische Übung

Haben Sie Vorbilder? Schreiben Sie Ihre Antwort auf.

4. Soziale und emotionale Unterstützung durch sich selbst, Familie, Freunde und Kollegen

Die Ermutigung durch andere Menschen und die Arbeit an einem positiven Selbstkonzept kann uns ebenfalls darin unterstützen, Vertrauen in die eigenen Fähigkeiten zu entwickeln und ins Handeln zu kommen. Eine Ermutigung durch andere sollte begründet und echt sein. Zudem sollten die Personen, die Ermutigungen aussprechen, in der Lage sein, ein Problem oder eine schwierige Situation beurteilen zu können. Der Zuspruch sollte individuell und konkret formuliert sein und nicht allgemein und phrasenhaft wie: „Du schaffst das schon!“. Zudem hilft das Gefühl der Sicherheit, bei Bedarf auf emotionale und fachlich kompetente Unterstützung zurückgreifen zu können, die Selbstwirksamkeit zu stärken. Dann bleibt nur noch das

„Tun“ – also Handeln! (vgl. Stangl: Selbstwirksamkeit, in: Lexikon der Psychologie und Pädagogik, unter: www.lexikon.stangl.eu/1535/ selbstwirksamkeit selbstwirksamkeitserwartung/ [27.03.2019])

Praktische Übung

Welche Ermutigungen können Sie sich selbst zusprechen? Notieren Sie Ihre Gedanken.

Wer sich mit der Theorie der vier Quellen der Selbstwirksamkeit nach Bandura (vgl. Bandura, 1979, S. 87) beschäftigt, schafft für sich gute Bedingungen, um seine Selbstwirksamkeit zu fördern. Dies ist ein wesentlicher Teil zur Entwicklung von mehr Resilienz.

5.4 Wertschätzende Kommunikation – Gewaltfreie Kommunikation

„Man kann nicht nicht kommunizieren.“

(Paul Watzlawick, 2011)

Dieser Satz stammt von Paul Watzlawick (1921–2007), einem österreichisch-amerikanischen Kommunikationswissenschaftler. Kommunikation bestimmt unser Leben, mit ihrer Hilfe treten wir in Beziehung zu anderen Menschen oder zu uns selbst. Durch die nonverbale und verbale Kommunikation interagieren Menschen mit ihrer Umwelt. Damit wir uns wohlfühlen, ist eine wertschätzende, feinfühlige Kommunikation wichtig. Durch eine wertschätzende Kommunikation können Menschen wachsen, da sie ihren Wert und damit verbunden ihre Fähigkeiten, Interessen und Stärken erkennen können. Auch in Schule und Berufsleben kann eine wertschätzende Kommunikation dazu beitragen, die Potenziale des Einzelnen zur Entfaltung zu bringen. Menschen fühlen sich geschätzt, angenommen und erleben ihr Tun als sinnvoll. Allerdings verläuft Kommunikation in vielen Fällen anders, und zwar auch im Selbstdialog. Dies führt zu Konflikten im sozialen Miteinander und mit sich selbst.

Wertschätzende Kommunikation kann erlernt werden. Basis hierfür ist die Entscheidung und Offenheit, konstruktiv und wertschätzend kommunizieren zu wollen. Dann ist es möglich, konstruktive Prozesse im zwischenmenschlichen Kontakt in Gang zu setzen. Dazu gehört die Motivation, dies zu wollen und sich für eine gute Beziehungsqualität einzusetzen. Hilfreich ist in diesem Zusammenhang die Orientierung an der Kommunikations- und Konfliktlösungsmethode, die der amerikanische Psychologe und Mediator Marshall Rosenberg (1934–2015) entwickelt hat: die sogenannte „Gewaltfreie Kommunikation – GFK“. Bekannt wurde Rosenberg durch die Vermittlung zwischen Konfliktparteien in Krisengebieten, z. B. in Israel und Palästina. Die Ziele seiner Arbeit waren:

* die Auflösung alter Muster von Verteidigung, Rückzug und Angriff,
* die Reduzierung von Widerstand, Abwehr und gewalttätigen Reaktionen,
* die Förderung der Wertschätzung, Aufmerksamkeit und Einfühlung und des Wunsches, von Herzen zu geben (vgl. Rosenberg, 2001, S. 19).

ACHTSAMKEIT

Wertschätzende Kommunikation bedeutet, sich auf Augenhöhe zu begegnen und aus der eigenen Motivation heraus miteinander zu kooperieren. Die Bedürfnisse aller Beteiligten sollten im Dialog berücksichtigt werden. Dies gibt allen Gesprächspartnern das Gefühl, ernst genommen und akzeptiert zu werden. Das menschliche Grundbedürfnis nach Zugehörigkeit wird auf diese Weise erfüllt.

Zentraler Punkt der gewaltfreien Kommunikation ist es, dem Gegenüber mit respektvoller Aufmerksamkeit zuzuhören und im Zuge dessen klar und ehrlich zu kommunizieren. Im Rahmen dieses Buches kann die Methode der gewaltfreien Kommunikation nur kurz angerissen werden. Eine umfassende Weiterbildung bietet einen viel tieferen Einblick und unterstützt das Erlernen der GFK nachhaltig. Allerdings sollen hier dennoch kleine Hilfen gegeben werden, die einen ersten Anfang ermöglichen. Pädagogische Fachkräfte lernen es in ihrer Berufsausbildung. Dies ist bereits die erste Komponente der gewaltfreien oder wertschätzenden Kommunikation. Denn Beobachtungen, die mit Bewertungen vermischt werden, kommen beim Gegenüber möglicherweise als Kritik an. Das fordert den Gesprächspartner heraus, in eine Abwehrhaltung zu gehen, und schon ist der Konflikt da.

BEISPIEL

Wertende Formulierung einer Beobachtung	Sachliche Formulierung einer Beobachtung
„Frau Belser, Sie bringen Ihre Tochter *immer* zu spät in die Kita.“	„Frau Belser, Sie haben Ihre Tochter *in der letzten Woche dreimal* zu spät in die Kita gebracht.“
„Kollegin Kathrin beteiligt sich *nie* an der Vorbereitung des Sommerfestes.“	„Kollegin Kathrin hat sich *die letzten beiden Male* nicht an der Vorbereitung des Sommerfestes beteiligt.“

Grundsätze der gewaltfreien Kommunikation:

1. Durch verallgemeinernde sprachliche Wendungen mit Adverbien wie „immer“, „nie“, „häufig“, „selten“ kommt es schnell zu einer

Vermischung von Beobachtung und Bewertung. Formulierungen mit einer konkreten Zeitangabe sind klarer und neutraler, z. B.: „Letzte Woche ist Kinderpflegerin Leah montags und mittwochs zu spät gekommen.“

2. In der gewaltfreien Kommunikation werden Gefühle als solche erkannt und zum Ausdruck gebracht. Dadurch kommen wir mit dem Gegenüber besser in Kontakt.

3. Das Erkennen und Akzeptieren der Bedürfnisse, die mein Gegenüber hinter dem Gefühl hat, ist bedeutsam. Denn der Auslöser für die Gefühle ist oft nicht deren Ursache. Werden negative Dinge geäußert, haben wir die Möglichkeit, dies wie folgt aufzunehmen:
   - Wir geben uns selbst die Schuld.
   - Wir geben anderen die Schuld.
   - Wir nehmen unsere eigenen Bedürfnisse und Gefühle wahr.
   - Wir nehmen die Gefühle und Bedürfnisse wahr, die in der Aussage des anderen versteckt sind.

   Wenn das, was wir sagen vom jeweiligen Gegenüber als Kritik entschlüsselt wird, kann es sein, dass die Betroffenen meinen, sich verteidigen oder zum Gegenangriff übergehen zu müssen. Also ist es sinnvoll, so zu kommunizieren das der Gesprächspartner die Chance hat, ohne diese „Energieverschwendung“ zu reagieren.

4. Die Veränderung, die wir uns beim Gegenüber wünschen, wird im Rahmen der gewaltfreien Kommunikation in einer „Bitte“ formuliert. Hier gilt es, Wünsche, Bitten und Aufforderungen klar auszudrücken.

5. Einfühlsames Zuhören gibt dem Gesprächspartner Raum, seine Sicht der Dinge/Argumente vollständig zum Ausdruck zu bringen. Dazu gehört viel Empathie und Selbstempathie, worauf in Kapitel 9 ausführlicher eingegangen wird.

5.5 Alltagsanregungen – Gelassen kommunizieren

„Die größte Freude, die wir uns bereiten können, entsteht, wenn wir uns mit dem Leben verbinden, indem wir zu unserem eigenen Wohlergehen und dem anderer Menschen beitragen.“

(Rosenberg, 2009, S. 8)

Praktische Übung

Beobachten Sie sich selbst im Alltag. Wie gut können Sie zuhören und mit Ihrer Aufmerksamkeit bei Ihrem Gesprächspartner/Ihrer Gesprächspartnerin sein? Schätzen Sie sich auf einer Skala von 1 bis 10 ein.

1	2	3	4	5	6	7	8	9	10

BEISPIEL

Die Leitung hat im Team-Raum einen Kalender ausgelegt, in den die gewünschten freien Tage und Urlaube eines jeden Teammitglieds eingetragen werden sollen. Sie tragen Ihre Termine und Urlaubswünsche ein. Ihre Kollegin, mit der Sie in einer Gruppe arbeiten, spricht Sie sehr verärgert darauf an. Sie hat andere Vorstellungen der Planung und macht das auch sehr deutlich. Im ersten Moment sind Sie verärgert. Doch dann überlegen Sie, wie Sie diesen Konflikt klären können. Hierbei können folgende Verhaltensweisen hilfreich sein:

* Erkennen Sie den Konflikt und sehen Sie darin die Chance, Dinge zu aller Zufriedenheit verändern zu können.
* Dazu ist es hilfreich, den Ärger Ihres Gegenübers zu akzeptieren. Sie müssen nicht damit einverstanden sein.
* Üben Sie sich im aktiven Zuhören. Seien Sie ganz offen. Fassen Sie zusammen und wiederholen das, was Sie von Ihrem Gegenüber – in diesem Fall Ihrer Kollegin – wahrnehmen. Lassen Sie dabei die Bewertungen weg.

BEISPIEL

„Du bist verärgert, weil Du Deine Urlaubstage nicht da eintragen kannst, wo Du sie gerne hättest?“ Erkennen Sie das Bedürfnis des Gegenübers. Ist es erfüllt oder unerfüllt?

„Kann es sein, dass Du verärgert bist, weil ich meine Urlaubsplanung nicht mit Dir abgestimmt habe?“

So fühlen Sie sich in Ihren Gesprächspartner ein. Es gelingt Ihnen, herauszufinden, welches Bedürfnis unerfüllt ist. Hierzu ist Empathie erforderlich. So schaffen Sie es, dass sich Ihr Gegenüber mit dem, was ihm wichtig ist, gesehen und gehört fühlt.

BEISPIEL

„Ich sehe, dass Du verärgert bist, weil Du den Urlaub gerne mit mir abgestimmt hättest (Beobachtung). Ich bin gerade irritiert (Gefühl), dass Du so ärgerlich bist, weil ich das gerne in Ruhe klären würde (Bedürfnis). Ist es möglich, dass wir nächstes Mal gemeinsam die Termine eintragen?“ (Der andere hat eine Wahl.)

ACHTSAMKEIT

* **Formulieren Sie**
  - **positiv,**
  - **machbar,**
  - **konkret,**
  - **auf den Moment bezogen und**
  - **lassen Sie Ihrem Gesprächspartner mit einem Wunsch die Wahl.**
* **Verpacken Sie Ihre Botschaft als Ich-Botschaft:**
  - **ICH beobachte bewertungsfrei.**
  - **ICH schildere meine Gefühlslage.**
  - **ICH benenne mein unerfülltes Bedürfnis.**
  - **ICH formuliere den Wunsch.**
* **Drücken Sie sich ruhig und empathisch aus!**

	EIGENE Spannungs-/Konfliktsituation verstehen und darlegen	Spannungs-/Konfliktsituation des ANDEREN verstehen
1	**Meine Beobachtung** Was genau habe ich beobachtet? Was habe ich erlebt?	**Deine Beobachtung** Was hast du erlebt? Was ist passiert?
2	**Meine Gefühle/Stimmungen** Wie geht es mir emotional mit dem, was ich beobachtet habe?	**Deine Gefühle/Stimmungen** Wie ging es dir dabei? Was hast du gefühlt? (Angebote machen, nachfragen)

5

	EIGENE Spannungs-/ Konfliktsituation verstehen und darlegen	Spannungs-/Konfliktsituation des ANDEREN verstehen
3	**Mein Bedürfnis/Interesse** Was brauche ich in jetzt? (Wertschätzung, dazugehoren, Raum, Sicherheit, Respekt [...])	**Dein Bedürfnis/Interesse** Was brauchst du? Hättest du vielleicht [...] gebraucht?
4	**Meine Bitte** Mein Konkreter und erfüllbarer Vorschlag oder Auftrag hier und jetzt	**Deine Bitte** Was genau wünschst du dir? Worum könntest du bitten?

Spickzettel Wertschätzende Kommunikation, nach Marshall B. Rosenberg: Gewaltfreie Kommunikation
(http://www. alcudina.de/konflikte-loesen-sinn-erleben-in-der-gemeinschaft-gewaltfreie-kommunikation/[20.03.2019])

Diese vier Schritte können auch im Selbstdialog angewendet werden, wenn Sie sich einmal nicht so wohl fühlen.

Praktische Übung

* An welchem Punkt stehe ich gerade? Wofür setze ich aktuell meine Zeit und mein Engagement ein? → Beobachtung
* Welche Gefühle habe ich diesbezüglich gerade? Wie fühle ich mich? → Gefühle/Stimmungen
* Was hat für mich einen hohen Stellenwert? Wofür möchte ich mich mit Zeit und Energie engagieren? → Bedürfnis
* Was kann ich für mich selbst tun? Welchen Auftrag habe ich für mich selbst? → konkrete Bitte

Beginnen Sie mit einem ersten Schritt. Wertschätzende Kommunikation erfordert Übung. Es handelt sich um eine sehr erfolgreiche Methode, durch die Sie zu guten und zufriedenstellenden Ergebnissen in der Kommunikation kommen können. Sie bleiben stets in Ihrer Selbstwirksamkeit und achtsam. Das ist das Ziel.

EIGENE NOTIZEN

6 Verantwortung übernehmen

Der Begriff „Verantwortung“ ist oftmals zu hören. Doch was bedeutet das Wort „Verantwortung“? Wir alle tragen tagtäglich Verantwortung – für uns selbst, in der Familie, im Beruf und in einem weiteren Sinne auch für die Gesellschaft. In diesem Kapitel soll es darum gehen, dass Sie sich Gedanken zum Thema „Verantwortung“ machen und für sich überlegen, wann Sie diese übernehmen. Doch was hat das mit Resilienz zu tun? Indem wir Verantwortung für uns und unser Handeln übernehmen, zeigen wir, dass wir uns an die Normen und Regeln unserer Gesellschaft halten. Wir sind in der Lage, ein selbstbestimmtes und bewusstes Leben zu führen. In diesem Zusammenhang spielt auch die Selbst-Verantwortung als eine der Säulen der Resilienz eine Rolle.

Im Erzieherberuf übernehmen pädagogische Fachkräfte nicht nur Verantwortung für sich selbst, sondern auch für die ihnen anvertrauten Kinder. Doch nur wer für sich Verantwortung übernehmen kann, kann dies auch für andere tun.

ERKENNTNIS

Basis dafür ist die Erkenntnis, dass Sie für Ihr eigenes Leben verantwortlich sind.

Der Begriff „Verantwortung" ist mit dem Wort „Antwort" verwandt. Sie selbst können sozusagen Antworten auf die Fragen geben, die Ihnen Ihr stellt. Das heißt, Sie selbst sind dafür zuständig, dass Sie ein selbstbestimmtes Leben führen, indem Sie Ihre Ziele und Wünsche verwirklichen. Soweit die Theorie. Die Praxis sieht oft anders aus. Gerne schieben Menschen die Verantwortung für ihr Wohlbefinden anderen zu und machen sich somit von deren Verhalten abhängig.

BEISPIEL

Es ist für Erzieher Lars einfach zu sagen, dass die Einrichtungsleitung ihm einen ungünstigen Einsatzplan gegeben hat und sie nun daran schuld ist, dass er mittwochs nicht mehr zum Handballtraining gehen kann.

6.1 Selbstverantwortung übernehmen

Pädagogische Fachkräfte zeigen Verantwortung gegenüber der Gesellschaft und den Familien, deren Kinder sie betreuen. Allerdings gerät dabei oftmals der Aspekt der Eigenverantwortung in Vergessenheit.

Praktische Übungen

* Spüren Sie einmal in sich hinein: Wo befinden Sie sich mit der Verantwortung sich selbst gegenüber auf einer Skala von 1 bis 10?

1	2	3	4	5	6	7	8	9	10

* Gehören Sie möglicherweise zu den Menschen, die ihre eigenen Bedürfnisse manchmal vergessen und für die Eigenverantwortung ein Fremdwort ist? Oder die sich möglicherweise die Schuld geben, wenn Dinge nicht gelingen? Die Botschaft, dass Sie für Ihre eigene Zufriedenheit zuständig sind, kann einen starken Widerstand in Ihnen auslösen. Sie kennen sich selbst am besten. Seien Sie ganz ehrlich mit sich. Notieren Sie Ihre Gedanken auf ein Blatt Papier.

Tipps zur Übernahme von Verantwortung

Praktische Übungen

* Üben Sie sich darin, die Verantwortung für Ihr Handeln in Bezug auf Ihr eigenes Leben selbst zu übernehmen. Hören Sie auf, die Schuld für Ereignisse und Dinge, die Ihnen widerfahren, bei anderen zu suchen. Nicht der Träger der Einrichtung, in der Sie arbeiten, die Leitung, Eltern oder Kinder sind dafür verantwortlich, wenn Sie unausgeglichen oder unruhig sind. Vielmehr sind Ihre Denkmuster dafür verantwortlich. Ändern Sie Ihr Denken, indem Sie konstruktive Gedanken kreieren, und Ihr Gefühl wird sich mit der Zeit verändern.
* Trauen Sie sich, Ihre Wünsche und Bedürfnisse Ihrem Gegenüber mitzuteilen. Erwarten Sie nicht, dass andere wissen, was Sie brauchen, damit es Ihnen gut geht. Springen Sie über Ihren Schatten und formulieren Sie Ihre Bedürfnisse, auch wenn Sie zu den Menschen mit Unsicherheiten und Hemmungen gehören. Denn andere Menschen können nicht wissen, welche Bedürfnisse Sie haben.

* Indem Sie Verantwortung übernehmen, treffen Sie eine Entscheidung und sind bereit, die Konsequenzen zu tragen. Legen Sie die Angst, falsche Entscheidungen zu treffen, ab. Sicherlich erledigen sich manche Dinge irgendwann von allein. Trauen Sie sich aber dennoch, Entscheidungen zu treffen, auch wenn diese nicht 100%ig perfekt sind. Daraus werden Sie zunehmend Stärke ziehen.
* Überprüfen Sie, ob Sie eher Formulierungen mit „ich" oder solche mit „man" oder „wir" verwenden. Oftmals neigen Menschen dazu, ihre Meinung hinter sprachlichen Wendungen mit „man" oder „wir" zu verstecken. Damit wird ausgedrückt, dass andere ähnlich denken oder derselben Meinung sind. Beobachten Sie dies einmal in Ihrem Umgang mit den Praktikanten, die Sie begleiten. Formulieren Sie klare Sätze mit „Ich", und stehen Sie hinter Ihren Aussagen.
* Stehen Sie zu Ihren Fehlern, sagen Sie die Dinge, wie Sie sind. Damit erlangen Sie Authentizität und übernehmen Verantwortung.

6.2 Selbstfürsorge

In sozialpädagogischen Berufen sind die Menschen oft mit aller Energie für andere da. Mit wenig Wertschätzung für die eigene Leistung, einem hohen Anspruch an sich selbst, dem Wunsch, allen gerecht zu werden und daraus resultierendem Dauerstress, spüren viele ihre Grenzen nicht mehr. Unzufriedenheit und Energielosigkeit können dann die Folge sein. Darüber besteht die Gefahr, sich selbst zu vergessen. Lange Zeit geht das gut. Doch irgendwann spüren die Betroffenen, dass ihre Energie verloren geht, was sich körperlich und seelisch bemerkbar macht. Lustlosigkeit und Motivationslosigkeit machen sich breit. Diese Gefühle werden von einem inneren Dialog begleitet, der sich wie in einer Endlosschleife wiederholt: „Ich kann nicht mehr!" Wenn dieser Punkt erreicht ist, leben die Betroffenen häufig von Wochenende zu Wochenende, von Urlaub zu Urlaub, immer in der Hoffnung, die verloren gegangene Energie wieder aufzutanken. Häufig erlauben sich die betroffenen Menschen nicht, dass es ihnen gut gehen darf. Die eigenen Bedürfnisse werden hinter die aller anderen gestellt.

BEISPIEL

Sabrina arbeitet seit sieben Jahren im Familienzentrum „Saltkrokan". Sie ist von Anfang an mit Herzblut Gruppenleiterin einer U-3-Gruppe. Die Arbeit mit den jüngsten Kindern hat ihr immer sehr viel Freude bereitet. Zu jeder Zeit war sie für die Eltern mit allen Fragen ansprechbar. Haben ihre Kolleginnen und Kollegen Dienstplanprobleme und suchen jemanden, der für sie einspringt, ist Sabrina die erste, die ihre Hilfe anbietet. Dies wird von den Teammitgliedern gerne in Anspruch genommen.

In den letzten Monaten fühlt sich Sabrina häufig schlapp und müde. Morgens kommt sie kaum aus den Federn. Sie verspürt Lustlosigkeit, wenn sie an die Arbeit mit den Kindern denkt. Das macht sie sehr nachdenklich. Eine gründliche Untersuchung beim Arzt, zu der ihr Mann sie überredet, ergibt kein Ergebnis. Doch das Arztgespräch ist sehr klar. „Tun Sie mal wieder etwas für sich, und nehmen Sie sich Auszeiten, Frau Schalzki, Sie sind auf dem besten Wege, aufgrund Ihrer mangelnden Selbstfürsorge krank zu werden!" Zunächst versteht Sabrina gar nicht, was der Arzt ihr sagen möchte. Doch nach einer genaueren Reflexion der letzten Wochen wird ihr bewusst, dass sie dabei ist, den Kontakt zu sich selbst zu verlieren und nur noch für andere da ist. Eigene Interessen und Bedürfnisse sind völlig in den Hintergrund getreten. Sabrina nimmt sich vor, dies zu ändern.

Wenn Sie zu denen gehören, die sich hin und wieder selbst vergessen, sollten Sie einmal prüfen, wie gut Sie auf Ihre Basisbedürfnisse achten:

- Nehmen Sie wahr, wenn Sie hungrig oder durstig sind?
- Gehen Sie schlafen, wenn Sie müde sind?
- Bewegen Sie sich Ihrem Bedürfnis entsprechend oder bleibt keine Zeit für Sport?
- Entspannen Sie sich am Wochenende und sorgen Sie für ausreichende Erholungszeiten?
- Haben Sie ausreichend Zeit für sich selbst?
- Nehmen Sie sich Auszeiten?
- Pflegen Sie Ihr soziales Netzwerk? Nehmen Sie sich Zeit, Freunde zu treffen?

Praktische Übung

Wie steht es mit Ihrer Selbstfürsorge? Schätzen Sie auf einer Skala von 1 bis 10 ein, ob Sie sich Selbstfürsorge erlauben.

1	2	3	4	5	6	7	8	9	10

Wenn Ihnen durch die Einschätzung bewusst wird, dass Sie Handlungsbedarf haben, können Ihnen die folgenden alltagstauglichen praktischen Übungen eine Hilfe sein.

Praktische Übungen

* Starten Sie so in den Tag, dass Sie noch 10 Minuten Zeit für eine Mini-Meditation haben. Setzen Sie sich bequem hin, schließen Sie, wenn Sie mögen, die Augen und konzentrieren Sie sich auf die Atmung. Atmen Sie langsam und bewusst ein und aus. So beginnen Sie den Tag mit Selbstfürsorge.
* Überprüfen Sie Ihren Tag und die hiermit verbundenen Aufgaben auf das Machbare. Sind Ihre Ziele für den Tag realistisch? Ist Zeit für Sie in der Tagesplanung vorgesehen? Stellen Sie keine zu hohen Erwartungen an sich selbst. Gerade der pädagogische Alltag sollte so geplant werden, dass viele unvorhergesehene Dinge darin Platz finden können. Wenden Sie zur Zeitplanung das Pareto-Prinzip an. Dies ist ein Zeitmanagement-Tool. Durch die Anwendung des Pareto-Prinzips planen Sie 20 % der Zeit für Ihre Prioritäten. Damit erzielen Sie 80 % der Ergebnisse im Alltag.
* Werden Sie zu Ihrem besten Freund/Ihrer besten Freundin! Wenn Menschen in Ihrem Umfeld etwas nicht so gut gelingt, muntern Sie diese sicherlich auf und zeigen Verständnis für ihre Situation. Tun Sie das ab sofort auch bei sich selbst. Verbannen Sie Gedanken wie: „Das ist ja wieder typisch, dazu bin ich zu blöd!“ usw. Gehen

Sie dazu über, sich zu fragen: „Wie würde ich in dieser Situation mit meinem Freund, meiner Freundin sprechen? Wäre ich genauso hart wie zu mir selbst?“ Lautet die Antwort „Nein“, gehen Sie sofort in den konstruktiven Selbstdialog.

* Lernen Sie das „Nein-Sagen“. Sicher haben Sie Angst vor der Ablehnung oder den negativen Konsequenzen, die aus einem „Nein“ resultieren können. Sagen Sie „Nein“ in den Situationen, in denen Ihre eigenen Bedürfnisse von Ihnen nicht ernst genommen werden. Bereiten Sie sich darauf vor, wie Sie „Nein“ sagen. Verschaffen Sie sich Zeit zum Nachdenken, indem Sie beispielsweise sagen: „Ich werde darüber nachdenken und sage Dir morgen, ob das geht“ (z. B beim Wunsch einer Kollegin nach einem Dienstplantausch). So verschaffen Sie sich Zeit und können für sich überprüfen, ob ein Anliegen für Sie passt oder nicht. Möglicherweise sind Sie auch nicht der richtige Ansprechpartner- für ein Problem. Frustrationen von Menschen, die Sie vergeblich um etwas bitten, haben in der Regel nichts mit Ihnen zu tun. Sie kommen zustande, weil jemand nicht bekommt, was er will. Sprechen Sie das „Nein“ selbstsicher und ohne Schuldgefühl aus. Das erfordert einige Zeit Training, doch je öfter Sie sich erst nach Ihren Bedürfnissen und Wünschen fragen, bevor Sie eine Zusage machen, und auch einmal „Nein“ sagen, desto besser wird es Ihnen gelingen, für sich zu sorgen.

Wie sieht es mit Ihrer Ernährung im Zusammenhang mit Selbstfürsorge aus?

Zur Selbstfürsorge gehört auch, dass Sie sich gesund und ausgewogen ernähren, damit Sie leistungsfähig und gesund bleiben. Im Grunde passt dieses Thema auch in das Kapitel „Verantwortung übernehmen“, denn durch Selbstfürsorge übernehmen Sie Verantwortung für sich selbst. Eine ausgewogene und gesunde Ernährung wirkt sich erheblich auf das Wohlbefinden aus. Gerade wenn man Zeiten mit einem hohen Druck und Stressempfinden erlebt, nimmt man sich oft nicht die Zeit, sich entsprechend zu ernähren. Das liegt mit daran, dass das menschliche Gehirn in eine Art „Notfallmodus“ geht (s. Kapitel 1.4). Damit verbunden schüttet der Körper vermehrt Cortisol aus, welches Heißhungerattacken auslösen kann. Hierdurch verändert sich das Essverhalten. Manche Menschen entwickeln eine enorme Lust auf fett- und zuckerhaltige Nahrung, während andere das Essen vergessen bzw. keinen Appetit mehr haben. Es werden zwei Esstypen unterschieden:

Eine gesunde und ausgewogene Ernährung ist Bestandteil der Selbstfürsorge.

1. **Stress-Esser:** Dieser Ess-Typ greift bei Stress gerne zu Süßigkeiten und fetthaltigen Knabbereien. Die Erfahrung des Stress-Essers ist, dass Essen beruhigt und tröstend wirkt. Möglicherweise wurden Stress-Esser als Kind mit Essen getröstet und beruhigt. Nebenwirkung ist fast immer eine Gewichtszunahme. In diesem Fall meldet sich das schlechte Gewissen und der betroffene Mensch erlebt noch mehr Stress.

2. **Stress-Hungerer:** Dieser Ess-Typ reagiert entgegengesetzt. Ihm schlägt Stress auf den Magen. Die Nährstoffzufuhr wird durch Appetitlosigkeit heruntergefahren Und die betroffenen Menschen mögen nicht oder nur wenig essen. Dadurch reduziert sich das Gewicht und die Leistungsfähigkeit wird eingeschränkt. Oft fehlt die Zeit zu essen.

Praktische Übung

Überlegen Sie: Wie sieht es mit Ihrer Ernährung in stressigen Zeiten aus? Gehören Sie zu Typ 1 oder 2?

Tipps für Stress-Esser

Üben Sie sich in Atem- und Entspannungstechniken. Lenken Sie dadurch von dem Griff zur Nahrung ab. Trinken Sie nach Möglichkeit ein großes Glas Wasser. Dies sollten Sie sowieso öfter im Alltag tun. Widmen Sie sich einer Aufgabe intensiv, z. B. indem Sie sich aktiv in ein Spiel hineinbegeben. Halten Sie klein geschnittenes Obst, Gemüse oder Mandeln bereit, falls ihr Verlangen nach Nahrung übermächtig wird. Überlegen Sie, ob Sie Ihr Essverhalten verändern möchten.

Gehen Sie ganz kleine Schritte in Richtung Veränderung. Nehmen Sie ggf. eine professionelle Beratung oder Therapie in Anspruch.

Tipps für Stress-Hungerer

Auch Sie sollten sich in Atem- und Entspannungstechniken üben. Trinken auch Sie ausreichend Wasser, und verzichten Sie auf zuckerhaltige Getränke. Ihr Gehirn braucht Wasser, um arbeiten zu können. Planen Sie bewusst Essenszeiten, ggf. mit der Erinnerungsfunktion Ihres Smartphones. Nehmen Sie kleine Essensportionen zu sich, z. B. Studentenfutter, Müsli oder Milchshakes (ohne Zucker).

Das Gehirn ist die Steuerzentrale des Körpers und ein Hochleistungsorgan. Alle Informationen, die auf einen Menschen einströmen, werden dort verarbeitet und lösen Reaktionen aus. Milliarden Nervenzellen – die Neuronen – sorgen dafür, dass der Mensch sich bewegen, denken, sehen, hören, fühlen, riechen und schmecken kann. Die in Kontakt stehenden Neuronen geben die eingehenden Impulse über die Synapsen (Stelle der neuronalen Verknüpfung einer Nervenzelle mit einer anderen Zelle) weiter. So sorgt eine Vielzahl von Botenstoffen (Neurotransmitter) für den reibungslosen Ablauf der Informationsvermittlung. Da sich defekte Gehirnzellen nicht erneuern, sollten Sie dafür sorgen, dass Ihr Gehirn immer gut versorgt und durch gesunde Ernährung betriebsfähig bleibt. So können Sie durch den Schutz der Zellen und den Aufbau der Botenstoffe viel für Ihr seelisches und geistiges Wohlbefinden tun.

ACHTSAMKEIT

Zucker, egal ob Trauben, Frucht- oder Haushaltszucker, wie er z. B. in vielen gezuckerten Getränken wie Eistee, Cola oder Limonade zu finden ist, wird vom Körper schnell ins Blut geleitet. Kurzzeitig gibt das einen Energie-Kick, doch langfristig macht Zuckerkonsum energielos und müde. Essen Sie bewusst und achtsam.

Stellen Sie sich vor, dass Ihr Körper wie ein Auto funktioniert. Dies braucht auch einen guten Kraftstoff, um optimal zu funktionieren und selten in der Werkstatt zu landen. Sie haben nur diesen einen Körper. Pflegen Sie ihn daher gut, indem Sie ihm die Energie zuführen, die er für ein reibungsloses Funktionieren braucht. **Vitamine** (insbesondere A, C und E) stärken das Immunsystem und schützen den Körper vor Stressfolgen. Damit Sie in stressigeren Phasen gesund bleiben, sollten Sie Gemüse und Obst essen, welches die oben genannten Vitamine enthält (z. B. Paprika, Zitrusfrüchte, Kohl). Vitamin E ist beispielsweise in Weizenkeimen, Eiern und Getreide vorhanden. Klein geschnittenes Obst und Gemüse ist immer ein willkommener Snack. Für die Kinder in der Kita sind Sie mit diesem Essenspaket ein gutes Vorbild.

Mineralstoffe wie **Magnesium** sind echte Stresskiller. Magnesium ist beispielsweise in Haferflocken, Sonnenblumenkernen, Cashewnüssen, Mandeln und weißen Bohnen enthalten. Nervosität und Schlafstörungen nehmen ab, wenn Sie diese Lebensmittel regelmäßig in ausreichendem Maße zu sich nehmen. Sie sehen, dass sich schon durch eine vollwertige Ernährung viel für die psychische Widerstandskraft tun lässt.

Praktische Übung

Was nehmen Sie sich nun, mit dem Wissen um die Wichtigkeit der Ernährung, vor? Notieren Sie Ihre Antwort auf ein Blatt Papier.

Wie sieht es mit Bewegung im Zusammenhang mit Selbstfürsorge aus?

Laut der britischen Fachzeitschrift „The Lancet" bewegen sich ein Drittel der erwachsenen Menschen weltweit zu wenig. (vgl. https://www.thelancet.com/pdfs/journals/langlo/PIIS2214-109X (18)30357-7.pdf). Bewegungsmangel, Stress in Dauerschleife und eine ungesunde Ernährung sowie fehlende soziale Kontakte machen auf die Dauer krank.

Wenn wir uns mit der Geschichte des Menschen beschäftigen, wissen wir, dass der Mensch seit tausenden von Jahren in Bewegung ist und dies seinem natürlichen Programm entspricht. Der heutige Alltag lässt dazu aber kaum noch Raum und Zeit. Ein Abend vor dem Fernseher oder die Beschäftigung mit dem Smartphone lockt häufig mehr als ein kleines Workout, weil viele Menschen nach der Arbeit einfach nur noch müde und gestresst sind. Allerdings verbleiben auf diese Weise die Stresshormone im Körper und können nicht abgebaut werden. Die Alternative ist **Bewegung**. Der Körper wird durch ein moderates Training sehr gut auf psychische Belastungen vorbereitet, so der Stressforscher Sepp Porta, Professor für angewandte

Stressforschung und Endokrinologe (vgl. Porta, 2002, S. 42). Er sagt, dass Stress geringer empfunden wird und Menschen besser mit Belastungen umgehen können, je stärker und gesünder der Körper ist. Denn wer viele Muskeln hat, verfügt über mehr Zellen, in denen Mitochondrien aktiv sind, über die Stresshormone entsorgt werden. Ganz nebenbei kann ein ca. 45- bis 60-minütiges Fitnessprogramm an zwei bis drei Tagen in der Woche Depressionen vorbeugen.

Bewegung beeinflusst die geistige Leistungsfähigkeit, welche die Bewältigung der beruflichen Anforderungen verbessert. Es kommt laut einer aktuellen Studie zu einer

* Verbesserung des visuell räumlichen Gedächtnisses,
* Verbesserung der Konzentrationsfähigkeit,
* Erhöhung der Verarbeitungsgeschwindigkeit,
* Verbesserung des Erinnerungsvermögens,
* Verbesserung der Stimmung (vgl. Rossmann/Mohr, 2014, S. 103 f.).

Stefan Schneider, Professor am Institut für Bewegungs- und Neurowissenschaft der Sporthochschule Köln hat erforscht, dass Bewegung entlastet und Stress im Gehirn reduziert. Während des Sports wird das Denken im Frontalkortex reduziert. Dies ist eine gute Burnout-Prophylaxe.

Auch Bewegung und Sport gehören zur Selbstfürsorge.

Es gibt eine Vielzahl an Möglichkeiten, sich im Alltag zu bewegen und Sport zu machen. Im Erzieherberuf fällt es leicht, Bewegung in den Alltag zu integrieren, indem mit den Kindern Bewegungsspiele gemacht oder Bewegungsangebote durchgeführt werden. Dies ist sowohl drinnen als auch draußen möglich. Kinder haben noch einen ganz natürlichen Bewegungsdrang. Gehen Sie mit den Kindern dem Bewegungsbedürfnis nach, und schon kommen Sie in Bewegung.

Praktische Übungen

* Was sind von Ihnen bevorzugte Bewegungs- und Sporteinheiten? Notieren Sie diese auf ein Blatt Papier.
* Was nehmen Sie sich mit dem Wissen um die Wichtigkeit der Bewegung in Bezug auf Ihre Resilienzstärkung vor? Schreiben Sie Ihre Vorsätze ebenfalls auf.

6.3 Alltagsanregungen: Verantwortungsübernahme leicht gemacht

Zu Beginn unseres Lebens sind wir auf andere Menschen angewiesen, die Verantwortung für uns übernehmen. Als Menschen sind wir sogenannte Nesthocker. Unsere Eltern entscheiden für uns und strukturieren unser Leben, bis wir das selbst übernehmen können. In den ersten Lebensjahren sind es unsere Eltern oder Bezugspersonen, die unsere Bedürfnisse wahrnehmen und im Idealfall angemessen darauf reagieren. Das hat zur Folge, dass wir mehr oder weniger darauf vertrauen können, dass jemand für unser Leben verantwortlich ist. Dies verankern wir in unserem Unbewussten. Wenn wir erwachsen sind, kann daraus allerdings resultieren, dass wir immer noch gerne andere Menschen dafür verantwortlich machen, wenn wir in unbefriedigende Situationen geraten. Nicht selten hört man, dass

* die Eltern schuld sind, wenn das Leben nicht so läuft wie gewünscht,
* der Partner oder die Partnerin Schuld hat, wenn man sein Glück in der Beziehung nicht findet,
* die Kolleginnen und Kollegen bzw. die Einrichtungsleitung schuld sei, wenn wir uns an unserem Arbeitsplatz unzufrieden fühlen,
* die Eltern, die ihre Kinder in unseren Augen nicht richtig erziehen, schuld seien, dass pädagogische Berufe als anstrengend erlebt werden,
* die Politik schuld sei, dass soziale Berufe nicht genügend Wertschätzung erfahren usw.

Solange die Verantwortung für das Leben auf die oben beschriebene Weise quasi abgegeben wird, ist der Perspektivwechsel zum Erwachsenen noch nicht vollzogen. Die Betroffenen bleiben in der Opferhaltung und gehen davon aus, dass alle an ihren Problemen schuld seien, nur sie selbst eben nicht. Dadurch werden Änderungen verhindert und in Regungslosigkeit und dem damit verbundenen Gefühl der Unzufriedenheit verharrt. Statt aktiv etwas zu verändern, jammern und nörgeln die betroffenen Menschen. Dahinter können folgende Ängste stecken:

* die Angst vor dem Scheitern,
* die Angst, den Anforderungen, die an einen gestellt werden, nicht gewachsen zu sein,
* die Angst vor Ablehnung.

Viele Menschen fühlen sich diesen Gefühlen gegenüber ausgeliefert und erleben sich als machtlos. Dadurch fühlen sie sich unfrei und unzufrieden. Ein wichtiger Schritt ist zu erkennen, dass es so lange keinen Ausweg aus einer unbefriedigenden Situation gibt, bis die Person, die in diesem Teufelskreis steckt, entscheidet, etwas verändern zu wollen. Dies beginnt mit der Übernahme der Verantwortung für sich und die persönlichen Gefühle. Am besten beginnen Sie mit der Übernahme der Verantwortung für Ihre Gefühle.

BEISPIELE

Wenn Ihnen ein Fehler bei Ihrer täglichen Arbeit unterlaufen ist, haben Sie z. B. zwei Möglichkeiten zu reagieren.

1. *Sie ärgern sich über sich selbst und darüber, dass Ihnen ein Fehler unterlaufen ist. Sie machen sich Vorwürfe und schimpfen im inneren Dialog mit sich.*

oder

2. *Sie überlegen, was Sie aus diesem Fehler lernen könnten und wie Sie dazu stehen. Lächeln Sie dabei verständnisvoll wie bei einem Kind, dem Sie sagen: „Ist doch gar nicht so schlimm!"*

Wenn Sie die zweite Perspektive wählen, werden Sie sehen, dass es Ihnen zunehmend leichter fällt, die Verantwortung für Ihr Handeln zu übernehmen. Eine weitere Frage, die in diesem Zusammenhang hilfreich sein könnte, ist: „Was passiert schlimmstenfalls?" Die Einnahme dieser Perspektive kann in vielen Fällen schon sehr viel Druck wegnehmen. Geben Sie sich selbst die Chance, sich in der Übernahme von Verantwortung zu üben, damit Sie immer sicherer werden. So wird sich zunehmend ein zufriedeneres Gefühl einstellen.

EIGENE NOTIZEN

7 Netzwerkpflege

„Unter einem Netzwerk versteht man allgemein ein Muster (sozialer) Beziehungen, in das ein Individuum eingebunden ist."

(Keupp, 1988, S. 696)

Unsere Gesellschaft besteht aus vielen unterschiedlichen Netzwerken. Große Netzwerke teilen sich in kleinere Netzwerke auf. Ziel der Netzwerkarbeit ist es, den gesellschaftlichen Zusammenhalt zu fördern und unterschiedliche Menschen aus verschiedenen Gruppen zu verbinden. Auf diese Weise kann Solidarität gefördert werden. So können pädagogische Fachkräfte z. B. mit anderen Einrichtungen in dem Sozialraum, in dem Sie arbeiten, Netzwerke bilden. Netzwerke gibt es natürlich auch im privaten Bereich.

Der britische Anthropologe John A. Barnes (1918–2010) verwendete in den 1940er-Jahren erstmalig den Begriff „Netzwerk" (vgl. Barnes, 2006, S. 43). Er befasste sich in seinen Forschungen mit dörflichen Gemeinschaften und untersuchte die informellen Verbindungen zwischen Menschen, Gruppen und sozialen Klassen. Im Zentrum seines Interesses standen dabei die Beziehungen der Menschen untereinander.

Zum Netzwerken gehört es, miteinander zu kooperieren. Dadurch erhalten Netzwerke ihren Einfluss und ihre Wirksamkeit. Miteinander in Kontakt zu sein, ist vor allem im Erzieherberuf von Bedeutung. Denn oftmals lassen sich durch ein aktives Netzwerk durch eine gute Kommunikation schnelle Lösungen finden, z. B., wenn eine Familie in Not ist und Hilfe benötigt oder wenn ein Kind schnellstmöglich einen Kitaplatz braucht.

Sie treffen darüber hinaus auch die Entscheidung, ob Sie sich an einem „individuellen Netzwerk" oder einem „institutionellen Netzwerk" beteiligen. (vgl. Gartinger/Janssen, 2014, S. 770)

Individuelles Netzwerk	Institutionelles Netzwerk

7.1 Sinn eines Netzwerkes

„Netzwerken" ist der aktive Aufbau und die Pflege des eigenen Kontaktnetzwerks, in dem die Beteiligten durch Kommunikation und Interaktion miteinander verbunden sind. Dies kann durch persönliche Treffen oder Arbeitsgruppen geschehen.

Resilient durch Netzwerken – Wer ein Netzwerk hat, kann Probleme leichter lösen.

Wer gehört zu einem Netzwerk? Damit sind sicher nicht die Menschen aus den digitalen Sozialen Netzwerken gemeint, sondern vielmehr die Menschen, die Sie persönlich und beruflich weiterbringen. Ein Netzwerk besteht aus Menschen, die ähnliche Ziele verfolgen. Stellen Sie sich einmal die Frage, was Sie von einem Netzwerk erwarten. Fakt ist, dass wir mittlerweile auf Netzwerke im Beruf angewiesen sind. Sie bewirken, dass wir uns gegenseitig helfen und unterstützen. Netzwerke tragen somit zur psychischen Gesundheit bei und stärken die hierdurch wiederum die Resilienz. Wem es gelingt, sich gute Netzwerke aufzubauen, dem können diese Kontakte im Leben weiterhelfen, z. B. bei der beruflichen Weiterentwicklung. Unterschieden wird dabei zwischen beruflichen und privaten Netzwerken.

Praktische Übung

* Stellen Sie einmal für sich fest, ob Sie zu den Menschen gehören, die in ihrem bisherigen Leben aktiv ein Netzwerk aufgebaut haben und pflegen, oder nicht. Stellen Sie sich hierzu folgende Fragen:
  - Gehören Sie zu den aktiven Netzwerkern und Netzwerkerinnen, die gerne auf Menschen zugehen?
  - Oder sind Sie eher schüchtern?
* Zu welchem Typ gehören Sie? Notieren Sie Ihre Antwort auf ein Blatt Papier.
* Wie könnten Sie ein Netzwerk entwickeln? Halten Sie Ihre Ideen schriftlich fest.

7.2 Wie lässt sich ein Netzwerk entwickeln?

Ein Netzwerk zu entwickeln, braucht Zeit und Engagement. Beginnen Sie damit in der Einrichtung, in der Sie arbeiten. In einem funktionierenden Netzwerk finden Sie immer Hilfe, wenn Sie diese benötigen. Nach Dörte Weltzien, einer deutschen Erziehungswissenschaftlerin, gibt es sechs Faktoren, die den Entwicklungsprozess eines beruflichen Netzwerkes bestimmen (vgl. Weltzien, 2011, S. 232):

1. Anlass einer Vernetzung
2. Wer kommt als Kooperationspartner infrage?
3. Beratung der Zusammenarbeit und Zielsetzung
4. Verbindlichkeit – Verständigung auf einen Kooperationsvertrag
5. Umsetzung der Kooperation
6. Perspektiven entwickeln

Über die Dauer einer Kooperation im Rahmen eines beruflichen Netzwerkes bestimmt das Ziel.

7

Praktische Übungen

* Bestimmen Sie Ihr Ziel. Stellen Sie sich die Frage, was Sie von den Kontakten und Kooperationen erwarten. Was wollen Sie damit erreichen? Wenn Sie sich diese Fragen stellen, behalten Sie Ihr Ziel im Auge. Das können Sie dann auch in Ihren Netzwerken vermitteln.
* Wählen Sie bestimmte Menschen für Ihr berufliches Netzwerk aus. Hier ist die Qualität, die sich aus dem Netzwerk ergibt, wichtiger als die Quantität, die sich aus vielen Kontakten ergeben würde. Vielmehr sind die gemeinsamen Ziele entscheidend. Professionelle Arbeit ist geprägt von einem offenen Dialog. Vernetzen Sie sich im Sozialraum, in dem Sie arbeiten.
* In Netzwerken geben Sie, bevor Sie nehmen. Gerade im Beruf können Menschen gut voneinander profitieren, wenn sie bereit sind, ihr Wissen und das, was sie anbieten können, zu teilen, ohne eine Gegenleistung zu erwarten. Seien Sie bei Tipps zurückhaltend, es sei denn, jemand möchte diese von Ihnen hören.
* Wenn Sie ein Netzwerk aufgebaut und eine Verbindung hergestellt haben, sollten Sie „am Ball" bleiben. Ein Netzwerk möchte regelmäßig gepflegt werden, wenn es sinnvoll sein soll.
* Suchen Sie Kontakt zu Menschen, die ähnliche Ziele verfolgen oder die die Ziele, die Sie erreichen wollen, schon erreicht haben. Profitieren Sie in diesen Netzwerken durch einen regelmäßigen Austausch voneinander und vergessen Sie mögliche Konkurrenzgedanken. Sie sind an den gleichen Dingen und Themen interessiert und können aus den Fehlern anderer lernen: Wir müssen nicht alle in dieselben Fallen tappen.
* Wählen Sie die Gruppengröße für Ihr Netzwerk so, dass Sie sich austauschen können und regelmäßige Treffen gut zu organisieren sind.
* Entscheiden Sie in Ihren Netzwerken, welche Themen Sie bearbeiten möchten, und achten Sie auf Vertraulichkeit. Pflegen Sie Ihre Kontakte gezielt und regelmäßig.

Folgende Gedanken sind „Netzwerkverhinderer“:

* „Ich habe keine Ahnung, wie ich mit Netzwerken beginnen soll.“
* „Ich habe gar keine Zeit dazu.“
* „Ich komme schon alleine klar.“
* „Ich traue mich sowieso nichts zu sagen, da alle anderen schlauer sind.“
* „Netzwerken bringt ohnehin nichts.“ usw.

Derartige Gedanken verhindern das Entstehen eines Netzwerkes. In diesem Zusammenhang sollten Sie an die selbstfreundliche Kommunikation und Ihren inneren Dialog (siehe Kapitel 1.3) denken.

7.3 Alltagsanregungen zur Netzwerkpflege

Mit der sogenannten 70-20-10-Formel, die von dem Social-Media-Berater Mike Sansone entwickelt wurde, kann das Netzwerken gelingen. Die in der Formel genannten Zahlen haben folgende Bedeutung:

70: Wenn Sie ein gutes belastbares Netzwerk aufbauen möchten, sollten Sie 70 % Ihrer Zeit in Ihr Engagement investieren, Beziehungen aufzubauen. Unterstützen Sie andere Menschen und kooperieren Sie mit Ihnen. So gewinnen Sie Vertrauen. Wenn Ihnen 70 % hoch erscheinen, überlegen Sie einmal, wie lange Sie täglich mit Kolleginnen, Kindern und Eltern sprechen. Achten Sie auf die Qualität Ihrer Gespräche.

20: 20 % der Zeit verbringen Sie damit, dass Menschen durch Ihre Hilfe weiterkommen. Sie öffnen sich und fassen Vertrauen. Das ist die Voraussetzung für die 20 %. Sie lernen sich besser kennen und Ihre Kompetenzen werden deutlich.

10: Wenn Sie sich engagiert und persönlich kennengelernt haben und dadurch Vertrauen entstehen konnte, stehen Sie nun in Beziehung. Erst dann ist der Zeitpunkt gekommen, ab dem auch Sie Unterstützung in Netzwerken finden. Doch setzen Sie dies nicht voraus. Sie können jedoch bei Bedarf darum bitten. Hier sind wir bei 10 % zu erwartender Unterstützung durch das Netzwerk (vgl. Sansone, unter: www.karrierebibel.de/netzwerken-richtig-lernen/ [21.03.2019]).

Wenn ein Netzwerk gut funktionieren soll, ist **Partizipation** unerlässlich. Begegnen Sie sich auf Augenhöhe. Ein funktionierendes Netzwerk ist der beste Indikator für die sogenannte „Wir“-Intelligenz, mit deren Hilfe Menschen gemeinsam Ziele verfolgen und erreichen.

7

Praktische Übungen

* Schätzen Sie auf einer Skala von 1 bis 10 ein, wie intensiv Sie Ihr Netzwerk pflegen. Bei 1 haben Sie so gut wie kein Netzwerk, bei 10 nutzen Sie Ihre Netzwerke bereits intensiv.

1	2	3	4	5	6	7	8	9	10

* Machen Sie sich bewusst, welche Menschen Sie auf Ihrem bisherigen Lebensweg unterstützt haben. Wenn Sie diese Menschen aus den Augen verloren haben, können Sie überlegen, ob Sie den Kontakt zu ihnen wiederherstellen möchten. Oftmals vergeht die Zeit wie im Flug, wir verlieren einander aus den Augen und haben uns in manchen Fällen nicht wirklich für das bedankt, was manche Menschen einmal für uns getan haben. Fertigen Sie eine Liste mit den Namen der Menschen an, die Ihnen diesbezüglich einfallen. Schreiben Sie ein bis zwei Stichwörter zu den jeweiligen Menschen auf.

Name	Was ist an dem Kontakt positiv?

* Familie ist wichtig, Freunde sind wichtig, Kollegen und Kolleginnen sind wichtig – soziale Kontakte zu haben und zu pflegen kann Hilfe, Halt und Unterstützung in allen Lebenslagen bedeuten. Menschen, die soziale Netzwerke pflegen, sind oftmals psychisch gesünder und optimistischer. Netzwerke können die persönliche Entwicklung unterstützen und in konstruktiver Form die Reflexion erlauben. Talente und Fähigkeiten können zum Wohle einer Gemeinschaft eingebracht werden, was zufrieden und glücklich macht.
Welche Netzwerke möchten Sie intensivieren? Vereinbaren Sie Termine. Keine Ausrede! Was im Kalender steht, findet statt.

* Stärken Sie täglich Ihre Resilienz und die Ihres Teams, indem Sie bestimmte Regeln im Umgang und in der Zusammenarbeit miteinander pflegen:

  - Helfen Sie sich gegenseitig.
  - Teilen Sie sich mit, was sie aneinander schätzen.
  - Hören Sie auf den Rat der Teammitglieder.
  - Seien Sie bereit, Kritik zu äußern und zu empfangen.
  - Haben Sie Freude an der Arbeit.
  - Zeigen Sie Humor.
  - Verhalten Sie sich unterstützend, vor allem gegenüber Kollegen und Kolleginnen, die Schwierigkeiten haben.
  - Suchen gemeinsam nach Lösungen.
  - Lassen Sie sich gerne von anderen Meinungen überzeugen.
  - Gehen Sie Konflikte konstruktiv an.
  - Inspirieren Sie zu Kreativität und Erfolg.
  - Seien Sie bescheiden und lernen Sie voneinander.

(vgl. Baeijaert/Stellamans, 2013, S. 76)

EIGENE NOTIZEN

8 Ziele in den Fokus nehmen – Perspektiven entwickeln

„Wer das Ziel kennt, kann entscheiden.
Wer entscheidet, findet Ruhe.
Wer Ruhe findet, ist sicher.
Wer sicher ist, kann überlegen.
Wer überlegt, kann verbessern."
(Konfuzius)

(https://www.blueprints.de/artikel/ziele/grosse-denker-zum-thema-ziele.html [16.06.2019])

Zukunftsplanung ist eine Säule der Resilienz. Bestandteil der Zukunftsplanung ist das Zielesetzen. Erfahrungsgemäß macht das Erreichen gesetzter Ziele zufrieden und trägt somit zum Wohlbefinden bei.

8.1 Sinn und Zweck von Zielen

Ziele geben dem Leben eine Struktur und Richtung. Zudem beeinflussen sie das menschliche Denken und Fühlen. Ziele zeigen auch, was für uns im Leben wichtig, wertvoll und vor allem sinnvoll ist, so Robert Emmons (geb. 1958), ein führender Forscher auf dem Gebiet der Lebensziele und Dankbarkeit (vgl. Blickhan, 2015, S. 133). Im Beruf gibt es sogenannte **Kompetenzziele**. Bei Kompetenzzielen geht es Menschen darum, die persönlichen Kompetenzen auszubauen, durch Selbstwirksamkeit Leistung zu erbringen und Ziele zu erreichen. Dies ist laut Blickhan wie Selbstwirksamkeit ein Grundbedürfnis und ein wesentlicher Faktor für die persönliche Entwicklung. Wenn Menschen ihre Stärken einsetzen, führt dies zu einer höheren Leistungsfähigkeit und damit verbunden zu mehr Zufriedenheit. Aus diesem Grund ist es sinnvoll, sich immer wieder mit der persönlichen Vorstellung vom Leben auseinanderzusetzen und daraus entsprechende Ziele zu formulieren. Die moderne Psychologie nimmt den Menschen als zukunftsorientiert wahr: Durch Ziele lassen sich wünschenswerte Zustände in der Zukunft über innere Bilder beschreiben. Aber auch verbale und mit bestimmten Gefühlen verknüpfte Ziele sind von Bedeutung.

Praktische Übungen

* Erinnern Sie sich an die Tage an, denen Sie ein Ziel erreicht haben:
  War es
  - der Schulabschluss?
  - die Teilnahme an einem Konzert oder Theaterstück?
  - d bestandene Führerscheinprüfung?
  - das Erreichen des Berufsabschlusses?
  - die erste Arbeitsstelle etc.?
* Notieren Sie hier, welches auf Ihrem Lebensweg bislang die wichtigsten Ziele waren.

In unserem Leben haben wir immer Entscheidungsmöglichkeiten, welche von den damit verbundenen Zielen abhängig sind. Wenn es um die Zukunftsplanung geht, ist es sehr wichtig, welche Entscheidungen wir treffen. Wie wir unsere – berufliche – Zukunft planen, ist allein unsere Entscheidung. Wir können die Zukunft auch dem Zufall überlassen und uns dem Schicksal ergeben. Das ist auch eine Wahl. Es hängt davon ab, welche Ziele im Fokus stehen.

Hindernisse auf dem Weg der Zukunftspläne sind sogenannte Vermeidungsziele: **Vermeidungsziele,** welche unklar formuliert sind. Charakteristikum der Vermeidungsziele ist, dass der Zeitpunkt der Zielerreichung nicht feststeht. Oftmals wird eine Zielerreichung durch Vermeidungsziele verhindert oder hinausgezögert.

BEISPIEL

Erzieher Sven ist mit der Versetzung von der Bärengruppe in die Tigergruppe zum neuen Kindergartenjahr nicht einverstanden. Irgendwann will er mit der zuständigen Einrichtungsleiterin darüber sprechen. Den Zeitpunkt für dieses Gespräch möchte er aber nicht festlegen. Es könnte sich ja auch noch etwas an seinem Einsatz verändern. Sven hat ein mulmiges Gefühl […].

Sven hat ein Vermeidungsziel. Dies führt zu Stress und Unwohlsein. Er könnte ein **Annäherungsziel** formulieren. Dann würde es ihm wahrscheinlich direkt besser gehen. Annäherungsziele sind klar, eindeutig und positiv formuliert.

BEISPIEL

Erzieher Sven ist mit der Versetzung von der Bärengruppe in die Tigergruppe zum neuen Kindergartenjahr nicht einverstanden. Als er davon erfährt, überlegt er, wann er zur Leitung geht und um ein Gespräch bittet. Sven überlegt konkret, was das Ziel des Gespräches sein soll und stellt sich vor, welche alternative Lösung personell möglich wäre. Diese schlägt er der Einrichtungsleitung bei dem zeitnah stattfindenden Gespräch vor. Die Leitung bedankt sich für den Vorschlag. Über die von Sven vorgeschlagene Möglichkeit hatte sie noch nicht nachgedacht.

Durch das klar formulierte Annäherungsziel hat Sven den **Annäherungsmodus** im Gehirn aktiviert. So ist er in der Lage, flexibel nützliche Hinweise zur Klärung seines Problems aufzunehmen (vgl. Blickhan, 2015, S. 138).

Praktische Übungen

* Welcher „Zielesetzer-Typ“ sind Sie? Überlegen Sie, ob Sie Ziele eher kurz-, mittel- oder langfristig setzen. Denken Sie über die Wichtigkeit der Zielerreichung nach.
* Setzen Sie sich eher Annäherungs- oder Vermeidungsziele?

8.2 Wie können Ziele gesetzt werden?

Damit ein Mensch ein Annäherungsziel formulieren und erreichen kann, braucht er nach Emmonson drei Zieltugenden (vgl. Blickhan, 2015, S. 138)

1. **Umsicht:** Hierbei geht es darum, die Dinge von mehreren Seiten zu betrachten, abzuwägen und dann zu entscheiden. Zielkonflikte sollen auf diese Weise vermieden werden. Das Ziel wird immer wieder situativ überprüft und angepasst.
2. **Geduld:** Beständigkeit und Ruhe sind die Voraussetzung für die Erreichung des Ziels. Toleranz und Nachsicht sind Charaktereigenschaften, die hilfreich bei der Zielerreichung sind.
3. **Ausdauer:** Beharrlichkeit und Durchhaltevermögen sind erforderlich, um an gesetzten Zielen „dranzubleiben“. Dies wird durch Frustrationstoleranz unterstützt (vgl. Blickhan, 2015, S. 139).

Am Anfang einer Planung steht die individuelle Lebenssituation. Daraus ergeben sich die möglichen Ziele. Mit Umsicht, Geduld und Ausdauer haben Sie gute Chancen, durch Zielsetzung und die damit verbunden Umsetzung Veränderungen in Ihrem Leben herbeizuführen. Dabei sollten Sie die volle Verantwortung für Ihre Zukunftsplanung übernehmen. Es ist möglich, die Hilfe Ihres Netzwerkes zu beanspruchen. In diesem Zusammenhang sind folgende Fragen wichtig: Was möchten Sie verändern? Welcher Schritt ist der erste in Richtung Zukunft?

Werden Sie sich Ihrer Selbstwirksamkeit bewusst. Sie können Ihre Ziele erreichen, auch wenn es etwas Anstrengung bedarf. Sie sollten sich im Klaren sein, welche Motivation diesen Zielen zugrunde liegt.

Praktische Übungen

* „Verspüre ich Motivation, an der Situation etwas zu verändern oder etwas Bestimmtes zu erreichen?" An dieser Stelle entscheidet sich, ob eine Zielerreichung möglich ist. Wenn Sie sich motiviert fühlen, können Sie sich im nächsten Schritt fragen: „Was genau motiviert mich wozu?" In dieser Auseinandersetzung wird deutlich, worauf sich die Motivation bezieht und um welche Ziele es konkret geht.
* „Wie kann ich mich motivieren?" Dabei geht es um das Aktiv-Werden. Welche Gründe dienen der Bereitstellung von Energie zur Zielerreichung?
* „Was tue ich konkret?" Welche Verhaltensweisen, Maßnahmen und damit verbundenen Techniken tragen zur Zielerreichung bei?

Menschen, die **intrinsisch**, also aus sich heraus, motiviert sind, handeln aus persönlichen Gründen und werden ihre Ziele besser erreichen als **extrinsisch** (durch äußere Einflüsse) motivierte Menschen. So zeigen Menschen, die intrinsische Ziele mit intrinsischer Motivation verbinden, deutlich mehr Zufriedenheit und bessere Leistungen.

Praktische Übung

Welcher Motivationstyp sind Sie? Sind Sie intrinsisch oder extrinsisch motiviert? Notieren Sie Ihre Antwort auf ein Blatt Papier.

Natürlich erscheint es einfacher, die Dinge ohne Zielsetzung laufen zu lassen und die Zukunft auf sich zukommen zu lassen. Auch das Verdrängen, Ausweichen oder Aufschieben gehört zu den gängigen Strategien der menschlichen Lebensbewältigung. Doch erfahrungsgemäß führen all diese Herangehensweisen eher nicht zur Zufriedenheit, da Probleme auf diesem Wege nicht gelöst werden können.

Wenn Sie Ihre Resilienz stärken möchten, ist es erforderlich, dass Sie Ihre Zukunftsplanung aktiv gestalten und entsprechende Ziele formulieren. Bildlich gesprochen stehen Sie am Steuerrad Ihres Lebensschiffes. Entwickeln Sie Ihren eigenen Plan und bestimmen Sie den Kurs, bevor das jemand anderes für Sie übernimmt. Suchen Sie Dinge, die Sie motivieren.

Praktische Übung

Überlegen Sie: Was motiviert Sie in Ihrem pädagogischen Alltag? Halten Sie Ihre Gedanken schriftlich fest.

Finden Sie Dinge, die Sie motivieren, z. B eine Fortbildung zur persönlichen Entwicklung, oder streben Sie eine Leitungsposition an. Was möchten Sie konkret angehen? Planen Sie kleine Schritte. Zerlegen Sie zuerst größere Ziele in kurzfristigere und kleinere Teilziele. Praktizieren Sie die sogenannte **Salamitaktik**. Das heißt, dass Sie ein großes Ziel in kleinere Unterziele unterteilen, und zwar scheibchenweise wie eine Salami.

Es kann uns niemand versprechen, dass die Wege zum Ziel immer gerade sein müssen. Vielmehr wird es bergauf und bergab gehen, manchmal geht man auch im Kreis oder große Umwege. Aber dies spielt keine Rolle. Hauptsache, Sie sind in Bewegung und gehen Ihre Schritte in Richtung des von Ihnen gesteckten Ziels. Dies kann niemand für Sie übernehmen, Sie müssen es selbst tun. Wenn Sie in Ihrem beruflichen Alltag unzufrieden sind, können Sie überlegen, was Sie verändern können. Sie können

* die Kinder in der Kita nicht verändern,
* die Eltern nicht verändern
* die Kolleginnen, Kollegen und die Einrichtungsleitung nicht verändern.

Eine Veränderung kann nur bei Ihnen beginnen. Der erste Schritt ist die Entscheidung, loszugehen und eine Veränderung anzustreben. Der Knackpunkt ist die Entscheidung, dies auch wirklich zu tun. Für viele Menschen ist diese Entscheidung der eigentliche Schritt, den sie fürchten. Doch mit dem Wissen und Training der Selbstwirksamkeit und einer entsprechenden Zielformulierung ist dies nun der Aufbruch zu einem Leben, in dem Sie zunehmend weniger dem Zufall überlassen und wissen, dass in erster Linie Sie selbst die Verantwortung für Ihr Leben tragen.

Praktische Übung

Überlegen Sie: Was möchten Sie in Ihrem (Berufs-)leben verändern? Schreiben Sie einen Handlungsplan. Welche Schritte unternehmen Sie in Richtung Ziel? Schreiben Sie Ihre eigene Lebenskarte wie eine Landkarte, die Sie auf einer Reise nutzen.

Markieren Sie den Start und die Etappen zum Ziel:

* Wie sieht der erste konkrete Schritt aus, den Sie sofort machen können?
* Wenn Sie noch mehr Informationen brauchen, wie beschaffen Sie sich diese? Bei wem und wo?
* Wen könnten Sie über Ihr Zielvorhaben informieren und ihn bitten, Sie zu unterstützen?

ACHTSAMKEIT

Achten Sie darauf, dass Ihre Ziele auch Ziele sind und keine Wünsche: konkret formuliert, messbar, aktiv durch Sie erreichbar, mit dem Zeitpunkt der Zielerreichung. Starten Sie sofort, denn so erhalten Ihre Ziele Energie. Fokussieren Sie sich und bleiben Sie achtsam.

Überlegen Sie, wie Ihre Zukunft aussehen könnte. Welche Ziele sind für Sie damit verbunden? Zukunftsplanung im Großen betrifft die fünf Säulen der Identität. Doch sie kann auch nur eine Säule betreffen (vgl. Petzold, 2012, S. 539 f.).

So könnte es beispielsweise sein, dass Sie mehr Sport treiben oder Ihren Freundeskreis intensiver pflegen möchten. Es kann auch aber auch sein, dass Sie sich etwas leisten möchten, worauf Sie hin sparen. Vielleicht möchten Sie sich beruflich verändern, indem Sie sich weiterbilden. Ziele können so unterschiedlich sein, wie wir Menschen es sind. Manche verfolgen in mehreren Lebensbereichen Ziele und möchten diese auch erreichen. Planen Sie Ihre Zukunft wie eine Reise. Der Schlüssel dazu ist eine **klare** und **eindeutige Zielformulierung**. Dabei sind einige Punkte zu berücksichtigen.

Klar und eindeutig formulierte Ziele gewinnen an Energie und Kraft. Sie tragen das Potenzial der Veränderung und Lösung in sich und bringen Menschen dazu, selbstwirksam zu handeln. In einem nächsten Schritt kann es dann an die Umsetzung der Ziele gehen.

Menschen verfügen über die Fähigkeit, all ihre Sinne auf zuvor formuliertes Ziel auszurichten.

BEISPIEL

Erzieher Ben ist in der Kita, in der er arbeitet, unzufrieden und entscheidet sich, eine neue Stelle zu suchen. Hierzu nimmt er sämtliche Möglichkeiten wahr. Sowohl im Internet als auch in der Tageszeitung springen Ben zahlreiche Stellenangebote ins Auge.

Verschriftlichte Ziele können eine große Kraft entfalten. Aus diesem Grund ist es wichtig, dass Sie Ihre Ziele aufschreiben. Durch das Aufschreiben formulieren Sie eine konkrete Absicht, die verbindlicher ist als der bloße Gedanke in Ihrem Kopf. Sie sind Ihr eigener Vertragspartner. Stellen Sie sich beim Aufschreiben Ihrer Ziele die Gefühle vor, die Sie bei deren Erreichen haben werden. Überlegen Sie sich sehr gut, welche Ziele Sie formulieren, denn Sie könnten Wirklichkeit werden.

Achten Sie auf die Formulierung Ihrer Ziele. Hierbei sind einige Aspekte zu berücksichtigen, die wesentlich auf die Zielerreichung oder Nichterreichung einwirken können, da Sie durch die schriftliche Formulierung Ihrem Unterbewusstsein den Auftrag geben, alles zu tun, um ein zuvor beschriebenes Ziel zu erreichen. Ihr Unterbewusstsein versteht allerdings **nur klare Formulierungen**, bei denen es einige Regeln zu beachten gibt:

* Formulieren Sie Ziele so, dass Sie gefordert sind, Ihre Ziele aber erreichen können. Das jeweilige Ziel sollte eine Herausforderung sein und nicht klein und unbedeutend, denn dann geht Ihnen die Motivation verloren.
* Formulieren Sie Ihre Ziele so, dass Sie diese allein erreichen können. Seien Sie unabhängig. Auf andere Menschen haben Sie keinen Einfluss. Sie können nur mit sich allein Ziele vereinbaren, die Ihr Leben betreffen.
* Formulieren Sie Ziele positiv und in der Gegenwart. Achten Sie darauf, Ziele so zu formulieren, wie Sie es gerne hätten.
* Achten Sie darauf, dass Ihre Ziele messbar sind. So können Sie überprüfen, wann Sie Ihr Ziel erreicht haben, und feststellen, dass Sie es erreicht haben. Setzen Sie sich einen Termin, zu dem Sie Ihr Ziel erreicht haben möchten.
* Formulieren Sie in jedem Falle auch immer die ersten Schritte, die Sie in Richtung Ihres Ziels tun möchten. Durch konkrete Handlungen in Richtung Ziel erhöhen Sie die Energie, um das Ziel zu erreichen.
* Formulieren Sie den Grund, warum Sie das Ziel erreichen möchten, und erinnern Sie sich daran, wenn Sie Phasen erleben, in denen Sie an der Zielerreichung zweifeln.
* Um Ziele zu erreichen, geben wir eventuell andere Dinge auf. Schreiben Sie sich aus diesem Grunde auf, was in Ihrem Leben bleiben soll. Die Zielformulierung „Ich arbeite ab August in diesem nagelneuen Kindergarten in der U3-Gruppe“ kann z. B. bedeuten, dass Sie nicht mehr mit den liebgewonnenen Kolleginnen aus der alten Kita arbeiten. Es kann auch hilfreich sein, sich die Nachteile zu verdeutlichen. Auch hieraus kann Motivation entstehen und Energie geschöpft werden, das gesteckte Ziel in jedem Falle erreichen zu wollen.
* Fragen Sie sich bei allen Zielformulierungen auch, welche negativen Konsequenzen auf dem Weg zum Ziel oder durch die Zielerreichung eintreten könnten. Könnten Sie etwas verlieren oder andere etwa gefährden? Überlegen Sie schon im Vorfeld, wie Sie derartige negative Konsequenzen verhindern können.

Nun beherrschen Sie das Einmaleins der Zielformulierung, welches für Ihre Zukunftsplanung von Bedeutung ist. Sie können es nutzen, wenn Sie mögen. Bleiben Sie dabei locker und entspannt.

8

8.3 Alltagsanregungen zum Setzen von Zielen

Das Thema „Ziele“ hat für viele Menschen zur Jahreswende eine besondere Bedeutung. Die folgende Grafik zeigt, welche Lebensziele für die Menschen in Deutschland von Bedeutung sind. 42 % geben als Ziel einen Job an, der glücklich macht (vgl. https://de.statista.com/statistik/daten/studie/1259/umfrage/lebensziele).

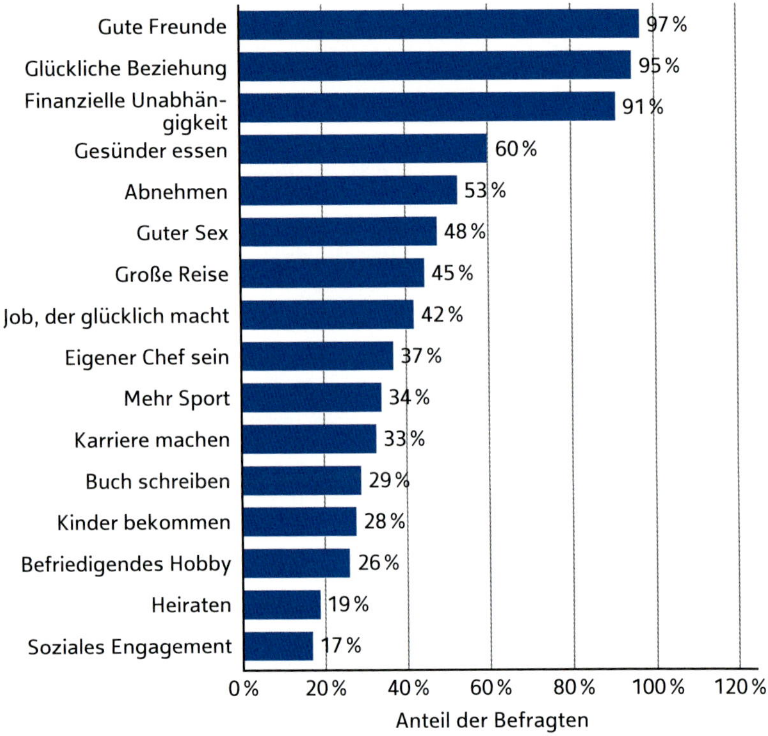

Wer Ziele hat, muss an die Möglichkeit glauben, sie zu erreichen.

Die meisten Menschen machen die Erfahrung, dass die von ihnen ins Auge gefassten Vorsätze und Ziele zunehmend aus dem Blick geraten und nicht umgesetzt werden. Somit stellt sich die Frage, wie es gelingen könnte, Ziele konsequent zu verfolgen und zu erreichen.

Beginnen Sie damit, in kleinen Schritten wahrzunehmen, dass es Ihnen gelingt, Ziele zu erreichen. Dabei kann Ihnen die folgende praktische Übung helfen.

Praktische Übung

* Machen Sie sich z. B. bewusst, dass es morgens Ihr Ziel ist, aufzustehen, zu duschen, zu frühstücken und zur Arbeit zu gehen. Wenn Sie das geschafft haben, haben Sie bereits kleine Tagesziele erreicht. Die Ausrede „Ich kann keine Ziele erreichen" verliert damit ihre Gültigkeit. So können Sie sich zunächst in Ihrem Alltag bewusst machen, welche Ziele Sie regelmäßig erreichen.

  Notieren Sie diese auf ein Blatt Papier.

* Das menschliche Gehirn mag keine Veränderungen. Sobald es bemerkt, dass Sie sich eine Veränderung vornehmen, wird es alles tun, um Sie in Ihre alten Denk- und Handlungsmuster zurückzuversetzen. Eine (gefühlte) Komfortzone gibt Sicherheit. Bei Veränderungen müssen hingegen Unsicherheit und auch ein mögliches Scheitern in Kauf genommen werden.

  Notieren Sie: Welche Unsicherheiten verspüren Sie im Hinblick auf Ihr Ziel? Was kann Sie an einer konsequenten Zielverfolgen („Dranbleiben") hindern?

* Menschen in Ihrem Umfeld können möglicherweise nicht mit Ihrem Wunsch, ein Ziel zu erreichen, umgehen. Ihnen fällt immer etwas ein, warum Sie Ihr Ziel nicht erreichen können oder sollten. Bedanken Sie sich bei diesen Menschen für Ihr Interesse, und machen Sie sich Ihr Ziel wieder bewusst. Sie entscheiden sich für Ihre Ziele. Wenn jedoch die Realisierung eines Zieles vom guten Willen anderer Menschen abhängig ist, können Sie es nicht realisieren.

Liegt es in Ihrer Macht, Ziele zu erreichen?

Damit Sie Ihre Ziele erreichen können, bedarf es einer Entscheidung und Willensstärke. Viele Menschen haben durch ihre Erziehung gelernt, eher passiv zu sein, wenn sie eine gewisse Macht haben, und zu kontrollieren, wenn das nicht der Fall ist.

Passives Verhalten	Überkontrolliertes Verhalten
Quelle des Verhaltens: MACHT Folge: Gefühl der Verantwortung, Kraft und Energie	Quelle des Verhaltens: OHNMACHT Folge: Gefühle der Frustration und Schuld
AKTIV	**LOSLASSEN**

Je nachdem, welche Erfahrungen ein Mensch selbst gemacht hat, bringt er mehr Energie auf, Menschen zu kontrollieren und zu schauen, dass alles „richtig" läuft, als sie zu unterstützen und zu begleiten. Wer dagegen das Gefühl habt, nichts verändern zu können, fühlt sich möglicherweise ohnmächtig. Kombiniert sich das Gefühl, verantwortlich zu sein, mit dem Gefühl, keine Macht zu haben, verursacht dies Schuldgefühle (vgl. Petitcollin, 2016, S. 33)

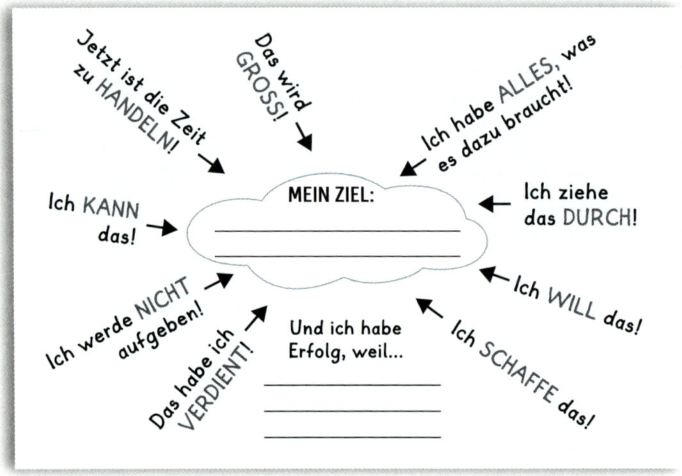

Unterscheiden Sie, ob es in Ihrer Macht liegt, Veränderungen herbeizuführen. Konzentrieren Sie sich auf die Dinge, die in Ihrem Handlungsspielraum liegen. Notieren Sie: Was steht bei Ihnen im Vordergrund?

Hilfreich kann in diesem Zusammenhang die Grundhaltung des folgenden buddhistischen Prinzips sein:

> „Wenn Du ein Problem hast, versuche es zu lösen. Kannst Du es nicht lösen, dann mach kein Problem daraus."
>
> *(Siddhartha Gautama, 2001)*

Wenn eine derartige Haltung nicht gelingt, kann zum Gefühl der Ohnmacht das Gefühl der Überlastung kommen. In diesem Fall ist es möglich, dass die **Willenskraft** geschwächt ist. Hierfür ist in Ihrem Gehirn der **präfrontale Cortex** zuständig. Dieser Bereich ist direkt hinter der Stirn verortet. Dieser Bereich ist u. a. auch für die Konzentrationsfähigkeit, das Vermögen, sich auf etwas zu fokussieren und an Lösungsfindungen beteiligt.

Jedes Jahr zu Silvester formulieren viele Menschen Vorsätze für das neue Jahr. Sie möchten mehr Sport machen, weniger essen, öfter Freunde treffen usw. Doch schon bald haben diese Vorsätze keine Relevanz mehr und verschwinden in der Versenkung.

Damit die Vorsätze umgesetzt werden, muss sich das Gehirn mächtig anstrengen und immer wieder die Vorsätze in den Fokus nehmen und an der Umsetzung arbeiten.

«Studien zeigen, dass nur 30 Prozent der Vorsätze eine realistische Chance haben, sich zu verstetigen.» (vgl. https://www.welt.de/newsticker/dpa_nt/infoline_nt/brennpunkte_nt/article171944566/Gute-Vorsaetze-Warum-sie-scheitern-und-wie-man-sie-schafft.html abgerufen am 24.04. 2019 um 20.37

Die Willenskraft scheint außer Kraft gesetzt, wenn das Gehirn viele Informationen verarbeitet. Die gesetzten Ziele und die damit verbundenen guten Vorsätze gehen dann quasi über Bord. Das hat nichts mit mangelnder Disziplin zu tun, sondern damit, dass die Willenskraft nicht stark genug ist und unsere Gewohnheiten im Alltag wieder die Steuerung übernehmen. Es ist ein Zeichen dafür, dass wir uns mit vielen Dingen beschäftigten und es dringend erforderlich ist, sich mit der eigenen Resilienz zu beschäftigen. Wer sich mit zu vielen Anforderungen gleichzeitig beschäftigen muss, verliert seine Ziele möglichweise aus den Augen.

ACHTSAMKEIT

Die Gewohnheiten sind somit stärker als die Willenskraft. Durch Achtsamkeit können Sie das verändern.

Die folgende praktische Übung kann dabei helfen, dies zu verändern.

Praktische Übungen

- Fokussieren Sie sich zunächst einmal nur auf ein Ziel, welches leicht umzusetzen ist. Dieses eine Ziel solle über die erreichbaren Alltagsziele hinausgehen.
- Sollte sich jetzt der „innere Kritiker" mit den Worten „Klappt ja sowieso nicht!" melden, können Sie jetzt den Ehrgeiz entwickeln, es Ihrem Gehirn zu zeigen, indem Sie die Willenskraft mobilisieren und mit kleinen Schritten beginnen.
- Die Willenskraft trainieren Sie, indem Sie Ihr „Warum", also Ihre Motive, herausfinden. Dieses „Warum" muss stark sein und von Ihnen formuliert werden. Ein starkes „Warum" entwickelt das „Wie". Überlegen Sie: Wie erreichen Sie die Veränderung? Wie sieht das Ergebnis aus, wenn das Ziel erreicht ist?

Ein klar formuliertes Ziel mit einem visualisierten Bild ist hierbei unterstützend.

Kelly Mc Gonigal, eine amerikanische Psychologin, sagt, dass wir in den Momenten, in denen wir dringend Willensstärke brauchen, einen Kampf zwischen zwei Kräften führen: zwischen der langfristigen und der kurzfristigen Kraft. Sie bestätigt die Ergebnisse aus Shivs Experiment, dass Menschen in Stresssituationen, in denen sie wenig Energie haben, weniger Willenskraft aufbringen können. In vielen Fällen geben sie damit ihre langfristigen Ziele auf. McGonigal empfiehlt, sich mit der langfristigen Kraft anzufreunden und diese zu identifizieren. In diesem Zusammenhang verweist sie auf die Möglichkeit, Willenskraft zu trainieren. Ihre Empfehlung:

- „Verbessere deinen Schlaf und meditiere! Es ist bewiesen, dass sich der Bereich im Gehirn, welcher verantwortlich ist für das Merken unserer Ziele und Werte vom Schlaf beeinflussen lässt. Leidest du nämlich unter Schlafentzug, wird deine Erinnerungsfähigkeit gesenkt.

* Sei nicht so streng mit dir! Je härter du mit dir selbst bist und dich bestrafst, wenn deine Willensstärke nicht ausgereicht hat, desto wahrscheinlicher ist es, dass du beim nächsten Mal wieder versagst. Gehe also nicht so hart mit dir ins Gericht und gehe mit dir selbst menschlicher um. So wird das erneute Versagen der Willenskraft unwahrscheinlicher.

* Tritt mit deinem zukünftigen Selbst in Kontakt! Je mehr du dich mit dir selbst identifiziert, desto häufiger triffst du Entscheidungen, die langfristig Profit bringen werden.

* Das eigene Scheitern vorhersehen! Viele Studien beweisen, dass Menschen, die ihre Erfolge dauerhaft verfolgen, letztendlich fauler sind und sich mehr Auszeiten gönnen. Die Menschen aber, die ihre Misserfolge nicht ausschließen, leiden weniger unter Rückschlägen. Versuche also, Fehler zu akzeptieren und aus ihnen zu lernen!

* Trainiere deine Toleranzgrenze! Die Leute, die ihre Emotionen und unangenehme Situationen besser im Griff haben, tendieren dazu, langfristig ihre Ziele zu erreichen. Achte also genau auf dein Körpergefühl und lerne das unangenehme Gefühl auszuhalten."

(Kelly Mc Gonigal, 2012)

Übernehmen Sie die Verantwortung für Ihre Ziele. Tag für Tag, von Anfang bis Ende. Damit stärken Sie Ihre Selbstwirksamkeit und letztlich auch Ihre Resilienz.

EIGENE NOTIZEN

9 Empathie und Selbstempathie

Im folgenden Kapitel geht es um Empathie und Selbstempathie als wichtige Bausteine zur Resilienz. Grundlage der Empathie für andere Menschen ist die Selbstempathie. Denn wer Anteilnahme und Mitgefühl für sich selbst aufbringen kann, ist auch in der Lage, sich in andere Menschen hineinzuversetzen, eine Fähigkeit, die insbesondere in sozialen Berufen gefragt ist. Außerdem ermöglicht Empathie die sogenannte „wertschätzende Kommunikation“, die in diesem Kapitel kurz vorgestellt werden soll.

9

9.1 Was ist Empathie?

„Mit Empathie ist jener Prozess gemeint, bei dem ein Beobachter an dem Gefühl oder der Intention einer anderen Person teilhat und dadurch versteht, was diese andere Person fühlt oder beabsichtigt."

(Bischof-Köhler, 2015, S. 7)

Oder um es mit Theresia Friesinger, der führenden Empathieexpertin, zu sagen:

„[Empathie] ist die Kompetenz zu erkennen, was im anderen vorgeht, wie er sich fühlen könnte und zu vermuten, was er oder sie für ein Bedürfnis hat."

(Friesinger, 2018, S. 45)

ACHTSAMKEIT

Empathische Menschen stellen sich folgende Fragen:
- **Was will mein Gegenüber mir sagen?**
- **Kann ich das, was er oder sie sagt, nachvollziehen?**

Empathie ist somit auch das Einfühlungsvermögen und die Basis des menschlichen Zusammenlebens. Man kann auch von der Fähigkeit zur Empathie als „Selbstkompetenz" sprechen. Zurück geht der Begriff auf das spätgriechische Wort *empátheia*, gebildet aus dem griech. Substantiv *πάθος* (= *Pathos*, das zugehörige Verb lautet: *πάσχειν*, übersetzt als „leiden, fühlen"). Von Siegmund Freud wurde der Begriff ins Englische übersetzt, er verwendete den Begriff *„empathy"*. Da Empathie für das menschliche Zusammenleben grundlegend ist, sind Menschen ohne Empathie auf klare Strukturen angewiesen, die sie sich aneignen müssen, um am gesellschaftlichen Leben teilnehmen zu können.

9.2 Was beutet Selbstempathie?

Kommen wir nun zu dem Begriff „Selbstempathie“: Selbstempathie bedeutet, Mitgefühl und Anteilnahme für sich selbst zu haben oder zu entwickeln, wenn es fehlt. Theresia Friesinger ist der Auffassung, dass es eine der stärksten emotionalen Motivationen eines Menschen ist, sich selbst zu kennen und authentisch zu begegnen (vgl. Friesinger, 2018, S. 35). Doch wer kann entscheiden, ob Sie Mitgefühl und Verständnis für sich selbst haben? Spüren Sie in sich hinein: Haben Sie ein stimmiges Gefühl für sich selbst oder ist das vielleicht trügerisch? Nur Sie selbst können sich diese Fragen beantworten und sich auf Grundlage Ihrer Selbstwahrnehmung entsprechend einstufen.

9.3 Empathie praktisch

Wer in einem sozialpädagogischen Beruf tätig ist, wird grundsätzlich über Empathie verfügen. Zumindest ist diese eine grundlegende Voraussetzung, um im Erzieherberuf tätig zu sein. Pädagogische Fachkräfte haben mit vielen Menschen zu tun: mit Kindern, Jugendlichen, Eltern, Kollegen und Kolleginnen, Vorgesetzten und vielen Netzwerkpartnern. Soziale Berufe, in denen der Kontakt mit Menschen im Vordergrund steht, erfordern daher „Menschenkenntnis“. Ohne Empathie ist der Zugang zu den Mitmenschen nämlich erschwert oder sogar verschlossen. Führende Hirnforscher deklarieren das menschliche Hirn als „Sozialorgan“. (vgl. Friesinger, 2018, S. 45).

Der deutsche Mediziner Walter Möbius entscheidet in der Empathieforschung zwei Aspekte (vgl. Möbius, Vortrag, Empathiekonferenz, Heidelberg, 2015): das kognitive und das emotionale Teilsystem im Gehirn. So wird je nach Situation die kognitive oder die mitfühlende Perspektive eingenommen. Dies verdeutlicht das folgende Beispiel.

BEISPIEL

Ein sonniger Montagnachmittag im April. Die meisten Kinder spielen auf dem Außengelände. Einige Kinder nutzen den ersten warmen Nachmittag, um im Sandkasten einen „Eisladen“ zu eröffnen und Sandeis zu kreieren, andere haben sich die Pferdeleinen aus dem Schuppen geholt und spielen Reitstall, was man am lauten Wiehern erkennen kann. Plötzlich wird es turbulent und laut. Drei Kinder

9

laufen aufgeregt schreiend und gestikulierend auf Barbara, die Erzieherin, zu. Barbara geht den Kindern eilig entgegen, weil sie spürt, dass hier etwas passiert sein muss. „Der Jan, der Jan, er ist einfach umgefallen. Der sagt nichts mehr!" Die Kinder schreien wild durcheinander, und Barbara versteht kein Wort. Augenblicklich schaltet sich bei ihr ein Gedanke ein und sie sagt sich: „Jetzt ganz ruhig bleiben, atmen." Und während sie das denkt, sagt sie zu den Kindern: „So jetzt mal nur einer. Was ist passiert?" Schnell erzählt Ben, Jans bester Freund, dass Jan hinten unter dem großen Kastanienbaum liege. Er sei einfach umgefallen. Barbaras Gehirn schaltet in einen Funktionsmodus um, der sehr schnell Entscheidungen trifft. Sie schickt ein Kind rein, um eine Kollegin zu holen. Zeitgleich eilt sie zu der Stelle, an der Jan liegt, der sich wirklich nicht mehr rührt.

Welches Teilsystem des Gehirns wird in der hier beschriebenen Situation gebraucht? Richtig – das kognitive Teilsystem. Erzieherin Barbara benötigt in dieser Situation professionelle Distanz, um Jan jetzt helfen zu können und alles, was in dieser Situation erforderlich ist, kompetent in die Wege leiten zu können.

Praktische Übungen

* Schätzen Sie auf der Ihnen bekannten Skala Ihre Empathie ein.

1	2	3	4	5	6	7	8	9	10

* Erinnern Sie sich an Situationen, in denen Sie Erfahrungen gemacht haben, die Ihr kognitives und ihr emotionales Teilsystem in Ihrem Gehirn aktiviert haben.

DIE 4 SÄULEN DER EMPATHIE

Die vier Säulen der Empathie

Auch im Bereich des Konfliktmanagements ist Empathie die Basis dafür, dass konstruktive Lösungen möglich werden. Damit Konflikte gut gelöst werden können, ist die Beschäftigung mit der gewaltfreien Kommunikation nach Rosenberg sinnvoll (siehe S. 79).

Grundsätze der gewaltfreien Kommunikation nach Rosenberg

* **Schärfen Sie Ihre Wahrnehmung in Bezug auf die Menschen, mit denen Sie zu tun haben.** Wenn Sie deren Eigenarten kennenlernen, können Sie sich besser darauf einstellen und einfühlen. Es kann beispielsweise die Beziehungen verbessern, wenn Sie wissen, dass Ihre Kollegin morgens erst einmal ihren Kaffee trinken muss, bevor sie ansprechbar ist. Oder wenn Sie z. B. wissen, dass eine Kollegin nach dem Wochenende erst einmal erzählen möchte, was alles schief gegangen ist, können Sie für sich überprüfen, ob Sie dafür Zeit aufbringen können und wollen, ihr zuzuhören, oder ob Sie ihr sagen: „Du, ich weiß, dass es dir wichtig ist, mir von deinem Wochenende zu erzählen, doch gerade passt der Zeitpunkt nicht. Lass uns in der Pause darüber sprechen." Oder aber Sie sagen ihr, dass Sie für derartige Gespräche nicht zur Verfügung

stünden, was nichts mit ihr als Mensch zu tun habe, sondern mit Ihrer Konzentration auf den Arbeitsalltag.

* **Wir alle haben unsere Stärken und Schwächen. Trainieren Sie sich darin, Ihren Blick für die Stärken zu trainieren.** Auch wenn Sie wirklich Probleme mit einem Kollegen/einer Kollegin haben, sollten Sie darüber nachdenken, was Sie Positives über diese Person sagen können. Irgendetwas finden Sie sicher. Sie werden sehen, dass Sie empathischer reagieren und Ihren Kollegen gegenüber unvoreingenommener werden.

* **Raus aus der Bewertung!** Die meisten Menschen haben den Mechanismus „Bewertung" gut installiert. Das führt dazu, dass unser Gehirn fast automatisch bewertet, wie wir Aussagen unserer Gesprächspartner einschätzen. Wir sind dann mit unseren eigenen Gedanken beschäftigt, wie wir die Dinge einordnen: Stimme ich zu, lehne ich die Meinung ab oder verurteile ich die Aussage? Damit sind wir viel zu sehr in unserem eigenen Kopf und geben uns gar nicht die Chance, unser Gegenüber zu verstehen. Die Folge ist, dass wir schnell urteilen. Gehen Sie in die neugierige Fragehaltung, und fragen Sie Ihr Gegenüber, wie er oder sie zu einer Aussage kommt. Oder geben Sie zu, dass Sie einen Gedanken auch interessant finden.

* **Hören Sie im Alltag aktiv zu.** Achten Sie einmal darauf, wie Sie in Gesprächssituationen reagieren. Hören Sie zu, um Ihrem Gegenüber zu antworten oder mit der Absicht wirklich und aufrichtig zu verstehen, was Ihr Gegenüber bewegt? Trainieren Sie Letzteres. Erinnern Sie sich dabei an das „Vier-Ohren-Modell" nach Friedemann Schulz von Thun, einem deutschen Psychologen. Dieser hat sich mit den vier Seiten einer Nachricht beschäftigt. Da wir Menschen sich aber immer, mehr oder minder bewusst, auf vier Ebenen begegnen, lauern da unentwegt Missverständnisse. In ein und derselben Äußerung stecken nämlich immer vier Botschaften gleichzeitig:

  1. eine Sachaussage, die Informationen über das Faktische enthält, was mitgeteilt oder behauptet wird,
  2. eine Beziehungsaussage, eine Wertung des anderen – was ich von ihm halte und wie ich zu ihm stehe,
  3. eine Selbstkundgabe ist eine Offenbarung über sich selbst,
  4. ein Appell, um beim Gesprächspartner etwas zu erreichen (vgl. Friedemann Schulz von Thun: Psychologe Schulz von Thun

erklärt, wie das Miteinander-Reden besser gelingt, in: Die Kunst zu streiten, Geo Wissen 59, unter: www.geo.de/magazine/geo-wissen/16298-rtkl-kommunikation-pychologe-schulz-von-thun-erklaert-wie-das-miteinander [29.03.2019]

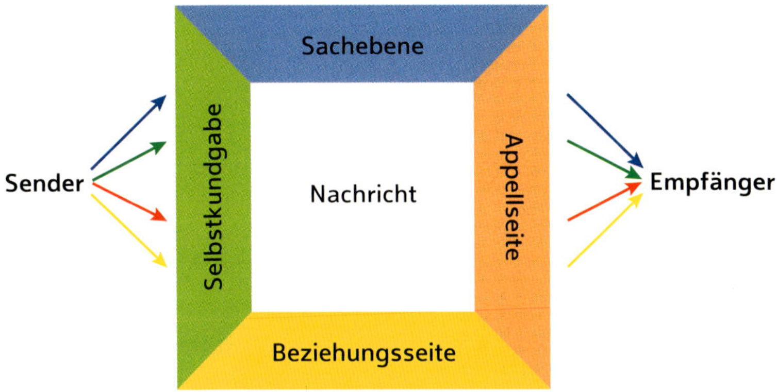

Das Vier-Ohren-Modell nach Friedemann Schulz von Thun (vgl. Schulz von Thun, 2011, S. 48)

* Achten Sie unbedingt auf ein ernsthaftes Interesse an Ihrem Gesprächspartner. Alles andere ist nicht förderlich für eine gute Kommunikation und zeugt nicht von Empathie. Wenn Sie keine Zeit für ein Gespräch haben, vertagen Sie es. Oder machen Sie einen Zeitpunkt aus, zu dem ein ungestörtes Gespräch möglich ist.

9.4 Selbstempathie – Selbstmitgefühl

Ein Mensch mit Selbstempathie hat gelernt, seine eigenen Themen zu klären und zu verstehen. Je klarer der Dialog mit sich selbst und je klarer die eigene Position ist, desto besser kann ein selbstempathischer Mensch auch mit anderen kommunizieren. Des Weiteren sind Menschen mit Selbstempathie in der Lage, gut für sich zu sorgen. Sie wissen, wann Sie die Bedürfnisse ihrer Mitmenschen erfüllen können und wann Sie Zeit und Ruhe für sich brauchen.

Die Aussage der Sozialpädagogin Theresia Friesinger ist: „Mehr Empathie durch Selbstempathie“. Damit sagt sie, dass Menschen erst einmal ihre Selbstempathie stärken sollten, damit Empathie entstehen kann. Sie hat einen selbstempathischen Ansatz entwickelt, den sie in Bildungseinrichtungen implementiert. Dabei ist ihr der Inklusionsprozess in der Kommunikation wichtig. Inklusion bedeutet in diesem Zusammenhang das Einbeziehen von ausgrenzenden Gedanken, also das Sich-Eingestehen negativer Reaktions- und Verhaltensmuster. Diese können in einem weiteren Schritt verändert werden. Die gute Nachricht ist also, dass Selbstempathie, Empathie und Mitgefühl trainierbar sind (vgl. Friesinger, 2018, S. 48). Diesen Sachverhalt belegt Tania Singer, eine deutsche Psychologin und Neurowissenschaftlerin, durch ihre Ergebnisse in ihrem Forschungsprojekt zum Thema „Mitgefühl" (vgl. Singer, 2013, S. 12). Online bietet Tania Singer ein Training zur Förderung des Mitgefühls an. Sie verbindet damit das Ziel, dass das Thema Mitgefühl eine größere Aufmerksamkeit in unserer Gesellschaft erhält. Auf diese Weise soll die Entwicklung einer solidarischen und nachhaltigeren Gesellschaft unterstützt werden (vgl. Singer, 2013, S. 12).

Wichtig ist hier zu sagen, dass Tania Singer zwischen **Empathie** und **Mitgefühl** unterscheidet. Dies ist ein Ergebnis ihrer Forschungen mit Matthieu Ricard, einem buddhistischen Mönch und Molekularbiologen. Ricards Hirn wurde während einer Meditation zum Thema „Empathieempfinden" mittels einer funktionellen Magnetresonanztomografie untersucht. Bei diesem Verfahren werden die Hirnströme eines Menschen in Echtzeit gemessen und nicht erst im Nachhinein ausgewertet. Ricard sollte zum einen zur Empathie, zum anderen zum bedingungslosen Mitgefühl meditieren. Zu diesem Zweck wurde ihm ein Film gezeigt, in dem rumänische Waisenkinder gezeigt wurden, die unter menschenunwürdigen Bedingungen in einem Kinderheim lebten. Grob zusammengefasst war das Ergebnis dieses Versuchs, dass es einen Unterschied zwischen dem Gefühl der Empathie und dem des bedingungslosen Mitgefühls gibt. Dies zeigten auch die Ergebnisse der Magnetresonanztomografie: Für die beiden Emotionen gibt es nämlich unterschiedliche Verortungszentren im Gehirn (vgl. www.info-buddhismus.de/Empathie-Mitgefuehl-Neurowissenschaft-Ricard-Singer-Altruismus.html [18.03.2019]. Wichtig ist in diesem Zusammenhang, dass sich das Gefühl der Empathie mit der Zeit abnutzen kann und die Betroffenen Gefahr laufen, ein Burn-out zu erleiden. Dies gilt insbesondere für Angehörige sozialer Berufe, die oftmals mit dem Leid ihrer Mitmenschen konfrontiert werden. Anders ist dies beim Mitgefühl, welches erhalten bleibt. Menschen, die zu echtem Mitgefühl fähig sind, können anderen gut helfen.

Paul Ekman, ein amerikanischer Psychologe und Emotionsforscher, vertritt die Auffassung, dass Mitgefühl kultiviert werden müsse und dann unsere Wahrnehmung der Wirklichkeit nicht verzerren würde. Emotionen können die Wahrnehmung unserer Wirklichkeit verzerren. Anders als Empathie kann Mitgefühl bei einem entsprechenden Training zu einer Eigenschaft des Menschen werden (vgl. Singer/Bolz, 2013, S. 185).

Ein Mensch mit Mitgefühl kann Trost spenden und aufgrund einer gewahrten Distanz gemeinsam mit seinem Gegenüber Lösungen entwickeln. In diesem Zusammenhang ist auch das Selbst-Mitgefühl wichtig, um sich durch Krisenzeiten selbst gut und lösungsorientiert beistehen zu können.

ACHTSAMKEIT

Selbst-Mitgefühl verhilft uns zu einem

* **emotionalen Wohlbefinden,**
* **befriedigenderen Beziehungen zu anderen Menschen,**
* **reduzierten Angstgefühlen,**
* **weniger Stress und somit zu einem reduzierten Risiko, ein Burnout zu erleiden.**

Wir Menschen haben eine große Motivation, uns zu erkennen und uns authentisch zu begegnen. Drei wesentliche Punkte machen das Selbst-Mitgefühl aus:

1. **Freundlichkeit** uns selbst gegenüber: Sie öffnet unser Herz für uns selbst und unsere Situation. Wir selbst können uns auch dann guttun, wenn wir allein sind und kein anderer da ist, der uns in einer schwierigen Situation trösten kann.

2. **Mitmenschlichkeit**: Die Verbundenheit mit anderen Menschen wird aktiviert.

3. Ein **achtsames, ausbalanciertes Bewusstsein**: Dies bringt uns in den Moment des „Hier und Jetzt". Wir nehmen den gegenwärtigen Moment wahr und nehmen ihn an (vgl. Friesinger, 2018, S. 36).

„Obwohl Empathie von entscheidender Bedeutung für eine erfolgreiche soziale Interaktion ist, übermäßiges Teilen der negativen Emotionen von anderen kann ungeschickt und eine Quelle von Burnout sein. [...] Im Gegensatz dazu konnte ein nachfolgendes Mitgefühlstraining den Anstieg des negativen Effekts [von zu viel ‚emotionaler Empathie'] umkehren und Selbsteinschätzungen zufolge nehmen positive Wirkungen zu. [...] Wir schließen daraus, dass Mitgefühlstraining eine neue Strategie zur Überwindung empathischer Not und zur Stärkung der Widerstandsfähigkeit [Resilienz] sein kann."

(Quelle: https://info-buddhismus.de/Empathie-Mitgefuehl-Neurowissenschaft-Ricard-Singer-Altruismus.html, 05.07.2019])

Wenn wir in einer Krise stecken und unser Selbstwertgefühl aufgrund dessen leidet, kann uns das Selbst-Mitgefühl dabei helfen, diese Phase gut zu überstehen, indem wir uns selbst „der beste Freund/die beste Freundin" sind. Die Hinweise und Anregungen in diesem Buch können Sie dabei unterstützen.

LITERATURVERZEICHNIS

Ansgar, Roland/Wenniger Gerd (Hrsg.): Handwörterbuch der Psychologie, München/Weinheim, Psychologie Verlags Union 1999.

Baeijaert, Liselotte/Stellamans, Anton: Resilienz: Ein Werkstattbuch zur Widerstandskraft, München, Solutions Academy Verlag, 2013.

Bandura, Albert: Sozial-kognitive Lerntheorie, Stuttgart, Klett-Cotta, 1979.

Bandura, Albert: Lernen am Modell, Stuttgart, Klett-Cotta, 1994.

Bannink, Fredrike P.: Praxis der positiven Psychologie, Göttingen, Hogrefe Verlag, 2012.

Berg, Fabienne: Übungsbuch Resilienz, Paderborn, Junfermann Verlag, 2014.

Brockert, Siegfried: Positive Psychologie, Stuttgart, Kreutz Verlag, 2001.

Buchacher, Walter/Kölblinger, Judith/Roth, Helmut, Wimmer, Josef: Das Resilienz-Training, Wien, Linde Verlag, 2015.

Dyer, Wayne: in: Grünstäudl, Martin. Die schönsten Zitate für Erfolg und Lebensglück, Books on Demand GmbH, Norderstedt, 2012.

Enkelmann, Nikolaus B./Enkelmann, Claudia E.: Erst Dein Traum macht Dich groß, Offenbach, GABAL Verlag, 2010.

Rosenberg, Marshall B.: Gewaltfreie Kommunikation, Paderborn, Junfermann Verlag, 2002.

Esch, Tobias: Die Neurobiologie des Glücks, 2. Aufl., Stuttgart, Thieme, 2014.

Frank, Renate: Glück – Lebe deine Stärken, Düsseldorf, Patmos, 2008.

Friesinger, Theresia: Fühlen, was wir brauchen. Die Praktische Inklusive Kommunikation Books on Demand, 2012.

Friesinger, Theresia: Mehr Empathie durch Selbstempathie, Dortmund, verlag modernes lernen, 2018.

Gilbert, Paul: Mitgefühl: Wie wir Mitgefühl nutzen können, um Glück und Selbstakzeptanz zu entwickeln und es uns wohl sein lassen, Freiburg, Arbor Verlag, 2011.

Heckhausen, Jutta: in: Falko Rheinberg: Motivation, Grundriss der Psychologie, Bd. 6, Stuttgart, Urban Taschenbücher 555, 1995, S. 61.

Heckhausen, Jutta/Heckhausen, Heinz: Motivation und Handeln. Einführung und Überblick. Berlin, Springer, 2006.

Grünstäudl, Martin: Die schönsten Zitate für Erfolg und Lebensglück, 2. Aufl., Norderstedt, Books on Demand GmbH, 2012.

Junge, Juliane/Neumer, Simone/Manz, Rolf/Margraf, Jürgen: Gesundheit und Optimismus GO, Weinheim/Basel, Beltz, 2002.

Keupp, Heiner: Riskante Chancen. Das Subjekt zwischen Psychokultur und Selbstorganisation. Heidelberg, Asanger, 1988.

Kick, Hermes Andreas: Glück – Ethische Perspektiven – aktuelle Glückskonzepte, Berlin: LIT-Verlag, 2008.

Konfuzius: Die Weisheit des Konfuzius, übersetzt von Hans O. H. Stange, Berlin, Insel, 2004.

Kowalski, Heinz (Hrsg.): Stress-Symposium. Aktuelle Ursachenforschung. Moderne Methoden der Stressbewältigung, Essen, CW Haarfeld, 2002.

Kubitschek, Gabriele: Das Anti-Stress-Buch für Erzieherinnen, 2. Aufl., München, Don Bosco Medien GmbH, 2012.

Linneweh, Klaus: Stresskompetenz – Der erfolgreiche Umgang mit Belastungssituationen in Beruf und Alltag, Weinheim/Basel, Beltz, 2002.

Lohaus,Holge/Domsch, Arnold: Psychologische Förder- und Interventionsprogramme für das Kindes- und Jugendalter, Berlin, Springer Medizin Verlag, 2009.

Lynen, Peter: How to geht Gelassenheit, Burgrain, KOHA-Verlag, 2014.

Mc Gonigal, Kelly: Bergauf mit Rückenwind, übersetzt von Stefanie Hutter, München, Wilhelm Goldmann, 2012.

Merton, Robert K.: The self-fulfilling prophecy, in: The Antioch Review, Bd. 8, 1948, Yellow Springs, Antioch College, 1948.

Mieder, Wolfgang: The Prentice-Hall encyclopedia of world proverbs, New York, MJF Books, 1986.

Neff, Kristin/Nuber, Ursula: Psychologie Heute. Sei nachsichtig! Mit dir selbst!, 09/2011, Weinheim, Verlagsgruppe Beltz, 2011.

Ott, Ulrich: Meditation für Skeptiker, Ulm, O.W. Barth Verlag, 2010.

Petzold, Hilarion: Identität – Ein Kernthema moderner Psychotherapie, Heidelberg, VS Verlag für Sozialwissenschaften, 2012, S. 539–540.

Pommerenke, Ulrich: Motivation und Erfolg, Offenbach, GABAL Verlag 2004.

Rogers, Carl Ransom: Der neue Mensch, Stuttgart, Klett-Cotta, 1981.

Rogers, Carl R.: Die Kraft des Guten, Geist und Psyche, Frankfurt a. M., Fischer, 1985.

Rosenberg, Marshall B.: Lebendige Spiritualität: Gedanken über die spirituellen Grundlagen der GFK, Paderborn, Junfermann Verlag, 2009.

Schaenzler, Nicole: Positiv Training, München, Südwest Verlag, 2000.

Scheler, Uwe: Management der Emotionen, Offenbach, GABAL-Verlag, 1999.

Schwartz, Dieter: Gefühle im Gespräch, München, mvg Verlag, 2008.

Schleth-Tams, Elke: Stark durch Resilienztraining, Bildungsverlag EINS, Köln, 2016.

Schulz von Thun, Friedemann: Psychologe Schulz von Thun erklärt, wie das Miteinander-Reden besser gelingt, in: Geo Wissen 59, Hamburg, G+J Medien GmbH, 2017; abrufbar unter http://www.geo.de/magazine/geo-wissen/16298-rtkl-kommunikation-pychologe-schulz-von-thun-erklaert-wie-das-miteinander [20.06.2019].

Seligman, Martin: Flourish – Wie Menschen aufblühen, München, Kösel, 2012.

Seligman, Martin E. P.: Der Glücks-Faktor. Warum Optimisten länger leben. Bergisch Gladbach, Bastei Lübbe, 2005.

Siddhartha Gautama: Die Lehren des Buddha, Die Mittlere Sammlung. Majjhima Nikaya. Übers. v. Kay Zumwinkel, Oy-Mittelberg, Jhana, 2001.

Tetitcollin, Christel: Das kleine Übungsheft. Psychospiele durchschauen und die eigene Rolle verändern, München, Trinitiy Verlag, 2014.

Thich Hhat Hanh, vietnamesischer buddistischer Mönch, abrufbar unter: http://dedocz.com/doc/459041/was-ist-achtsamkeit%3F, [27.07.2016]

Vopel, Klaus W.: Praxis der positiven Psychologie, Salzhausen, Iskopress, 2003

Buchacher, Walter/Kölblinger, Judith/Roth, Helmut, Wimmer, Josef: Das Resilienz-Training, Wien: Linde Verlag, 2015

Watzlawik, Paul: Man kann nicht nicht kommunizieren, Hogrefe Verlag, Bern, 2016.

Weiss, Halko/Harrer Michael E./Dietz, Thomas: Das Achtsamkeitsbuch, 2. Aufl., Stuttgart, Klett Cotta, 2010.

Watzlawick, Paul: Man kann nicht nicht kommunizieren, .Hrsg. Trude Trunk, Mannheim, Huber, 2011.

Weltzien, Dörte/Schmidt, Hartmut W./Anne Huber-Kebbe: Handbuch der Gesprächsführung in der Kita, Freiburg, Herder, 2011.

Wustmann, Corinna: Resilienz. Widerstandskraft von Kindern in Tageseinrichtungen fördern, Weinheim/Basel, Beltz 2004.

Zander, Margherita: Armes Kind – starkes Kind?, Wiesbaden, Springer VS, 2010.

Links

http://www.die-corps.de/uploads/media/BBDS-2015_Rede-Lesch.pdf [02.04.2018] http://www.wlb-stuttgart.de/sammlungen/handschriften/ bestand/ nachlaesse-und-autographen/oetinger-archiv/gelassenheitsgebet/ [07.0.2018].

http://www.ausdauerblog.de/salamitaktik/Zitat von Schmidt [02.04.2019].

http://www.brain-effect.com/magazin/das-gehirn-ist-schuld-warum-vorsaetze-fuers-neue-jahr-scheitern [22.03.2019].

https://www.br-online.de/jugend/izi/deutsch/publikation/televizion/31_2018_1/ Froehlich-Gildhoff_Roennau-Boese-Resilienz.pdf [24.04.2019].

https://www.br.de/fernsehen/ard-alpha/sendungen/campus/doku/resilienz-psychisch-seele-erziehung-therapie-100.html [24.04.2019].

http://tsrconsulting.de/news-dezember-2013/entschleunigung-mut-zur-achtsamkeit/ [24.04.2019].

https://www.thelancet.com/pdfs/journals/langlo/PIIS2214-109X(18)30357-7.pdf [23.04.2019].

https://www.welt.de/newsticker/dpa_nt/infoline_nt/brennpunkte_nt/ article171944566/Gute-Vorsaetze-Warum-sie-scheitern-und-wie-man-sie-schafft.html [23.04.2019].

https://info-buddhismus.de/Empathie-Mitgefuehl-Neurowissenschaft-Ricard-Singer-Altruismus.html [01.08.2019}.

BILDQUELLENVERZEICHNIS

akg-images GmbH, Berlin: 57.

Fabiola Quadflieg, Köln: 11, 13, 16, 16, 17, 18, 19, 40, 49, 49, 52, 55, 57, 60, 63, 70, 71, 78, 81, 86, 101, 109, 109, 120, 122, 125, 126, 126, 134.

Fischer, Andreas, Ansbach: Titel, Titel, Titel, Titel, Titel, Titel.

fotolia.com, New York: Trueffelpix 19.

Gerth, Barbara, Hamburg: 30.

iStockphoto.com, Calgary: 6okean 49; DragonImages 125; FatCamera 29; Juanmonino 28; monkeybusinessimages Titel, 40; nd3000 38; Ridofranz 96; stevanovicigor 37; Teichmann, Jens 114; Zmaj88 101.

Shutterstock.com, New York: Titel.

stock.adobe.com, Dublin: designua 21; djama 102; Grivina, Oxana 23; Heim, Ramona 59; karepa 93; Kneschke, Robert 70, 78, 110; lovelyday12 54; mangostock 41; Moreno, Esther 11; Nisch, Hans-Jörg 10, 39, 48, 62, 69, 85, 100, 108, 124; Photographee.eu 61; pixelpoems 73; Racle Fotodesign 79; radachynskyi 63; sewcream 86, 109; silverkblack 46; Stevanovic, Igor 116.

Visuelle Lebensfreude – Bodem + Sötebier GbR, Hannover: Titel.

YPS – York Publishing Solutions Pvt. Ltd.: 15, 20, 23, 25, 33, 53, 65, 68, 118, 120, 129, 131.

Wir arbeiten sehr sorgfältig daran, für alle verwendeten Abbildungen die Rechteinhaberinnen und Rechteinhaber zu ermitteln. Sollte uns dies im Einzelfall nicht vollständig gelungen sein, werden berechtigte Ansprüche selbstverständlich im Rahmen der üblichen Vereinbarungen abgegolten.

SACHWORTVERZEICHNIS

J

K

L

M

N

O

P

R

S